U0575468

高校德育教育创新发展研究

李长平　王利梅　蒋廷阁◎著

中国商务出版社
CHINA COMMERCE AND TRADE PRESS

图书在版编目（CIP）数据

高校德育教育创新发展研究 / 李长平，王利梅，蒋
廷阁著． -- 北京 ： 中国商务出版社，2022.8
ISBN 978-7-5103-4385-8

Ⅰ．①高… Ⅱ．①李… ②王… ③蒋… Ⅲ．①高等学
校－德育工作－研究－中国 Ⅳ．①G641

中国版本图书馆CIP数据核字（2022）第141132号

高校德育教育创新发展研究

GAOXIAO DEYU JIAOYU CHUANGXIN FAZHAN YANJIU

李长平　王利梅　蒋廷阁　著

出　　　版：中国商务出版社

地　　　址：北京市东城区安外东后巷28号　　邮　编：100710

责任部门：教育事业部（010-64283818）

责任编辑：刘姝辰

直销客服：010-64283818

总 发 行：中国商务出版社发行部 （010-64208388　64515150 ）

网购零售：中国商务出版社淘宝店 （010-64286917）

网　　　址：http://www.cctpress.com

网　　　店：https://shop162373850.taobao.com

邮　　　箱：347675974@qq.com

印　　　刷：北京四海锦诚印刷技术有限公司

开　　　本：787毫米×1092毫米　1/16

印　　　张：10.5　　　　　　　　　　字　数：217千字

版　　　次：2023年7月第1版　　　　印　次：2023年7月第1次印刷

书　　　号：ISBN 978-7-5103-4385-8

定　　　价：60.00元

凡所购本版图书如有印装质量问题，请与本社印制部联系（电话：010-64248236）

 版权所有　盗版必究（盗版侵权举报可发邮件到本社邮箱：cctp@cctpress.com）

前　言

　　为了适应当前教育形势的新变化，破解教育领域面临的新问题，必须加快推进教育治理体系和治理能力现代化。当前高校德育工作面临诸多挑战，其针对性和实效性亟待加强，而德育工作的推进也应当通过高校治理体系和治理能力的现代化来加以解决。

　　当今世界是一个开放的世界，改革开放是我国新时期最鲜明的特点。当前，全球化、信息化和现代化等趋势使高校德育理论研究和实践发展不断面临新形势、新情况和新课题。当下，高校德育的价值导向既要符合社会发展的现实需要和个人人格成长的规律，同时也应以更加开放的视角去拓展德育未来的发展方向。尤其值得注意的是，经济转轨、社会结构转型以及由此引起的思想文化领域的相互激荡已使得多元化成为现代社会的一种事实和价值存在。在多元化社会，包容多样和寻求共识的统一、主导与差异价值取向的共存是德育面临的新困境。

　　本书以高校德育创新与发展为研究对象，紧密结合当前我国高等院校德育教育的实际情况，以高校德育创新为入手点，分别从高校德育的内涵、机制、理念、方法等几方面的创新角度进行了详细论述，并进一步提出了在高校德育创新理念下的中国传统文化隐形教育方面的发展建议。

　　希望通过本书的探讨与分析，能够为进一步推动我国高等教育德育创新发展，实现高校人才素质教育提供一些具有参考性和操作性的意见。同时，伴随着我国社会的快速发展与变化，高校德育教育和创新能力已经上升到一个新的高度，被国家和社会所关注。道德的培养至关重要，它的好坏对于一个学生的未来发展有着强烈的影响，而培养并加强学生的创新能力是时代发展所需，也是德育重要的教学目标。

　　站在机遇与挑战并存的新媒体时代前沿，高校德育工作者需要不断结合新情况、新问题进行长期不懈的研究，并努力将研究成果运用到实践中去，对实践产生强有力的指导作用，从而更好地提高新媒体时代高校德育的实效性。

目　录

第一章　高校德育创新发展的理论基础

第一节　高校德育的内涵与重要性

德育即思想、政治和品德教育。现在已形成包括思想教育、政治教育和道德品质教育在内的德育体系。

一、德育的内涵

（一）广义的德育

指所有有目的、有计划地对社会成员在政治、思想与道德等方面施加影响的活动，包括社会德育、社区德育、学校德育和家庭德育等方面。

（二）狭义的德育专指学校德育

学校德育是指教育者按照一定的社会或阶级要求，有目的、有计划、有系统地对受教育者施加思想、政治和道德等方面的影响，并通过受教育者积极的认识、体验与践行，以使其形成一定社会与阶级所需要的品德的教育活动，即教育者有目的地培养受教育者品德的活动。

二、正确认识"高校德育首位"论

学校教育要坚持育人为本，德育为先，把人才培养作为根本任务，把思想教育摆在首要位置，主要原因如下：

（一）中国特色社会主义的性质要求学校教育把德育放在首要位置

教育是有阶级性的。古今中外，各个社会中占统治地位的阶级都是按本阶级的政治需要，把德育放在学校教育的首要地位，把代表统治阶级的政治信仰、思想意识、价值观念内化为一代新人的素质，都是为了"育新人、取民心、得天下"。因为只有这样，才能造就本阶级所需要的人才，以维持和巩固其社会制度，所不同的是，不同阶级实行不同的德育而已。

我们社会主义国家的教育，是社会主义培养各种专门人才的事业。社会主义的经济和政治决定了社会主义教育的性质、目的、制度、方针和教育的思想政治内容。社会主义教育的目的，是培养社会主义事业所需要的各类人才，要求培养出来的人才必须为社会主义建设事业服务。这是我国高等教育的目的，也是我们高等学校的主要任务。社会主义制度的性质决定着社会主义高等教育的性质，同时，也决定着社会主义大学的办学方向，必须坚持党的领导，坚持社会主义方向，坚持马克思主义在科学文化和学术工作中的指导地位。把德育放在首位，这是我国高等教育社会主义性质的重要标志。作为社会主义的高等学校，如果摆错了德育的位置，甚至忘掉或丢掉德育，就必然会迷失方向，误人子弟，误国误民。

（二）党的教育方针决定了学校教育要把德育放在首要位置

我们的学校是为社会主义建设培养人才的地方。培养人才要有质量标准，应该使受教育者在德育、智育、体育几方面都得到发展，成为有社会主义觉悟、有文化的劳动者。

党的教育方针，充分体现了全面发展的教育原则。在德智体全面发展中，学校应该永远把坚持正确的政治方向放在第一位。

德育所要解决的是学生社会意识的问题，即政治立场、思想观点、行为规范等方面的问题。具体来说，是解决学生为谁而学，学成后为谁服务的问题。我们社会主义大学培养的是能够坚持正确的政治方向，拥护共产党的领导，愿为社会主义祖国献身的高级专门人才。要完成这一任务，只有依靠德育。

（三）学校的中心工作需要把德育放在首位

当前，以"教学为中心"的思想被各类高校充分重视并贯彻实施，"以教学为中心"无疑是正确的，它与德育不但不矛盾，而且是相辅相成的，缺一不可。

教学包括德育。现代教育理论认为，教学应该着眼于学生的全面发展，培养全面和谐发展的个性。教学的主要任务是既在掌握知识和技能技巧方面达到高质量，又在学生的发展上取得重大进步。

也就是说，教学并非只是传授业务知识，片面地着眼于智力，而应当把教学看作是落实教育方针的主要途径。教学过程中应当包括德育、智育和体育，而且，德育还应该是教学的一项主要内容和首要任务。

德育在教学中起主导作用。在整个教学过程中，德育以其方向性贯穿于其他诸项教育之中。它不仅对智育起着主导作用，同样在体育中也起着主导作用。

三、新时期高校德育创新的必要性

德育创新是主体（人）为了一定的目的，遵循德育发展的规律，对德育进行变革，从而使德育得以更新与发展的活动。

创新是一个民族的灵魂，是国家兴旺发达的不竭动力。一个没有创新能力的民族，难以屹立于世界民族之林。历史进步的本质在于创新，民族的振兴、国家的强盛同样离不开创新，任何工作没有创新就没有活力，没有生命力。同样，高校的德育工作也只有在实践中不断创新，才能有新的活力，才能适应时代的进步与发展。

德育工作的显著特征在于，它随着时代的变化、社会的变化、生活的变化而变化，具有开放性、现代性、发展性。德育的这些特征要求我们德育工作者，在实践中必须不断地去探索、去实验、去研究、去创新，但是，强调高校德育工作的创新，不是全盘废弃过去的东西。德育工作是一个系统工程，具有一定的规律性。德育工作涉及方方面面，反映了德育客观规律、德育工作的实践经验，以及国家关于德育工作的法律、法规、政策等。我国的高校德育工作经过几十年的探索实践，总结出了许多工作规律，积累了丰富的经验。这些规律、经验凝聚了广大高校德育工作者先进的德育理念，为培养面向现代化、面向世界、面向未来的，德智体美等全面发展的社会主义事业建设者和接班人任务的顺利完成提供了有力保证。高校德育工作所取得的这些成绩有目共睹，所形成的理论、探索的规律、积累的经验、创造的方法，应当在实践中予以继承，并使其成为德育工作创新的基础。

新时期高校德育工作所面临的国际和国内环境已经发生了重大变化，高校德育唯有创新才能发展。新时期高校德育的对象已经发生了巨大变化，具有新的特点和要求，高校德育唯有创新，才能适应德育对象全面发展的要求。新时期高校德育的客观环境发生了变化，高校德育唯有创新，才能走出发展的困境。

（一）新时期高校德育工作面临的现实背景

1. 全球化的影响

全球化加强了国家之间、个人之间的经济交往、政治交往和文化交流。在全球化的背景下，经济的交往是国际性的，随着经济的日益国际化，政治、文化也走向了国际。欧美现代文化思潮的传入，对我国大学生产生了深刻影响，不少大学生采取扬弃的态度，进行批判的消化吸收。

2. 市场经济的影响

社会主义市场经济体制逐步推进，给高校德育带来积极影响的同时，其自身的弱点和负面影响也可能给大学生的政治观、人生观、价值观造成负面影响。

面对市场经济的汹涌大潮，大学生很难避免市场经济的负面影响。市场经济条件下社会利益分配的多层次性，使大学生面临着多种价值观的选择。在市场经济条件下，生产者是独立自主的。这一点，对大学生价值观中的消极影响表现为集体意识淡化、个人主义倾向严重。这些价值观念的产生，显然背离了学校教育的培养目标，无疑是削弱了高校德育功能的发挥。市场经济的发展刺激了人们对物质利益的追求，淡化了人们的政治意识。一些大学生片面认为，市场经济最主要的是看经济效益，政治无关紧要，学校思想教育，对他们来说，可有可无。市场经济的推行使整个社会生活发生了翻天覆地的变化。大学生原来所处相对稳定、单一的价值生活环境发生了彻底的改变，个体的人格处于多变的、相互冲突的多元价值中。

3. 科学技术的高速发展

科学技术的高速发展，使世界处于信息大爆炸时代，信息传播途径也逐渐多样化、现代化，这就决定了大学生接触欧美思潮更加快速便捷了。

特别是互联网的发展和虚拟世界的产生，使高校德育面临新的环境，网络文化在给高校德育创造良好条件和机遇的同时，也对德育工作提出了严峻的挑战。

互联网是一个超越了民族和国家界限的、巨大的、开放的信息传递系统，具有方便、快捷、直观性强、信息获取量大等特点，网络空间中各种不同的文化类型、意识形态、信仰、价值观念等，在这里传播、碰撞、交融。

随着技术的进步，互联网对公众生活的改变进一步加大，我国高校学生是互联网用户的主体。青年学生面对呈爆炸状态的信息，难以进行理性思考和价值判断，致使他们的道德价值取向呈多元化。网络上的道德败坏、精神空虚、享乐主义、拜金主义等腐朽的生活方式和价值观念大量涌入，给自制力较差的大学生身心健康必然带来负面影响，使一些意志薄弱者价值观念扭曲，道德人格丧失。

4. 高校德育工作缺乏与社会和家庭的有效沟通

学校德育自身管理水平的提高，是增强德育工作实效性的重要组成部分，但是，学生思想道德品质的形成发展是社会、家庭、学校共同作用的结果，任何一方工作不到位，都会导致整个德育出现漏洞，危害学生的身心健康发展。

目前，从总体上看，高校在主动争取家庭、社会支持，协调和整合社会、家庭三者的关系方面还做得不是很到位。学校德育管理还处于不够开放的状态，有效的学校、社会、家庭协作教育机制还有待完善，已经建立起来的家长学校、家长委员会在发挥指导家庭教育的职能方面，还存在着对学生学业指导多，对学生品行指导少等问题。所以，我们要积极推进学校、家庭、社会教育的一致性，形成开放式的学校德育管理新格局。

（二）新时期高校德育对象的新特点

当代大学生有着许多优点。总的来说，他们的思想主流、伦理道德认知、价值判断是积极、健康、向上的。他们务实进取，竞争意识强，成才愿望非常强烈，并注重个性发展，敢于表现自我，思维也比较活跃，易于接受新思想、新事物，极具创造活力和创新基础，有较强的使命感和责任感，关注国家和民族的前途命运，具有想有作为和大有作为的思想基础。

高校德育创新要充分考虑新时期高校德育对象的新特点，有目的、有针对性地开展高校德育创新工作。

第二节 高校德育创新的基础与原则

一、新时期高校德育创新的理论基础

（一）"育人为本、德育为先"是高校德育的基本原则

经过长期努力，中国特色社会主义进入了新时代。新时代意味着中国的发展迈入了一个新的征程，同时也意味着中国的发展将面临更多的挑战。这个新时代是实现中华民族伟大复兴中国梦的时代，是中国人民为人类发展贡献中国智慧、中国力量的时代，更是我们培养担当复兴大任的时代新人的时代。当前，中国日益走进世界舞台的中央，与整个世界的政治、经济、文化紧密地联系在一起。在这样一个时期，我国高校的德育尤显重要。

"育人为本、德育为先"，是新时代高校德育应遵循的基本原则。"育人为本"就是要

关心每一个学生，尊重学生身心发展的规律和教育的规律，促进每一个学生全面健康地发展，为每一个学生提供良好的教育，使每一个学生都能在社会发展过程中找到适合自己的位置。德育为人的发展提供根本的方向指引，因此要把德育摆在首位。良好的道德品质是人成才的首要条件，也是人成才的基本要求。具有高尚道德的人则可以运用自己的知识为社会创造财富，而道德低下的人则会危害社会。高校德育为大学生拥有积极向上的精神面貌提供指引，为大学生的健康成长保驾护航，为我国经济社会发展提供支持和保障。

因此，育人为本，是做好德育工作的基础和前提。坚持育人为本，就要求我们在德育的过程中，做到尊重学生、理解学生、关心学生和信任学生，注重学生个性发展和全面发展的统一，注重学生创造性人格和健康人格的统一，注重学生"学会"和"会学"的统一，促进学生全面发展。

（二）系统科学理论中的"大德育"思想

系统科学是研究事物整体联系和运动发展规律的科学，其要点为：

第一，任何一个事物的存在都表现为一个系统。系统是由事物内部互相联系、互相作用、互相依赖和影响的若干部分组成的有机整体。整体性是系统的一个本质属性。系统总是处在赖以生存和发展的环境之中，并不断同环境进行物质、能量和信息的交换。

在德育这个系统中，包含着三个最基本的因素：即教育者、受教育者、教育过程。其相互联系，互相影响，关系十分密切。加强高校德育创新，必须从整体性大背景的变化出发，树立战略意识、时代意识。从整体观念和联合作战的思想出发，明确调控目标，使各系统整合成一种合力，形成上下连接、左右贯通、立体交叉的德育网络。高校德育工作量大面广，组织过程耗时耗力，没有有效的调控机制，就可能导致无序无效。因此，实现德育效果的最大化，不仅需要校内各种教育资源的整合，还需要学校、社会和家庭加强联系，相互协调，从整体上优化育人环境。

第二，系统内部各要素具有层次性和等级性，系统的不同层次有着不同的规律。德育的层次性取决于德育对象的层次性，要提升德育效果，必须把握层次性要求，树立德育对象主体性观念，加强针对性工作。研究德育对象的层次性，要注重学生全面发展和理想人格塑造的序列性，在学生学习过程的不同阶段、不同时机、不同教育环节，实施不同的教育内容，采取不同的方式、手段，满足学生不断增长的需要，分层次有重点，由低到高，由浅入深，形成循序渐进的系列教育格局，使实践随着教育理论的发展向更高层次迈进。

第三，结构性系统功能的发挥，不仅取决于组成该系统的各个部分本身，而且取决于各个部分的结构形式，系统的总功能不是各个组成部分功能的简单叠加，而是各个部分功能的有机结合。

这一理论要求我们要立足于从要素、结构、功能与所处环境的相互联系和制约关系中，分析系统中各要素的结构功能，有意识、有目的地使系统内部各要素达到最佳建构和配置，以求系统形式结构最优和功能最优的整体效应。

因此，要做好以下几方面的工作。高校、社会与家庭之间的沟通、合作与融合。高校内部各个工作部门、各个岗位之间的协调、有机结合。高校德育工作中的目标、内容、途径、方法、管理和评价等因素合理配置，整体联动，构建一个和谐的大德育工作系统。

二、新时期高校德育创新的原则

（一）主体性原则

所谓主体性原则，就是指在高校德育工作过程中，始终将大学生置于主体地位，始终把大学生看成是德育活动的主体，注重培育和造就大学生的主体性。

把学生作为学校教育的价值主体，确立学生在高校德育中的主体地位。转变将学生仅仅作为教育和管理的对象的现象，坚持以学生为根本，以学生为核心，以学生为目的，尊重学生，理解学生，关爱学生，把促进学生的成长、成才作为高校德育的根本价值取向。

把学生作为学校教育的动力主体，激发学生自我教育的积极性。转变过多地强调教育管理工作者的主导责任，而对学生的主体作用和自我教育重视不够的现象，致力于唤醒学生的主体意识，激发学生的主体热情，调动学生的主体积极性，在课堂教学、校园文化、社团活动、社会实践等环节中，更加充分地发挥学生的主体作用。

把学生作为学校教育的权利主体，切实维护其合法权益。转变重管理、重视对学生的义务要求，而轻服务、忽视学生权益维护的现象，高度重视学生所应具有的受教育权和公民权，使高校德育的过程，成为尊重和维护学生合法权益的过程，成为服务学生成长成才和全面发展的过程。

把学生作为学校教育的发展主体，促进学生的全面发展。转变重知识轻素质、重灌输轻发展的现象，构建科学与人文相统一的素质结构，社会化与个性化相统一的人格结构，促进学生各种素质的和谐发展。

（二）开放性原则

所谓开放性原则，是指高校德育创新必须彻底打破传统的封闭模式，在德育的目标、内容和手段等方面实行全方位开放，把学生从以往的束缚中彻底解放出来，使他们在开放式德育过程中，处于自主、自觉、自愿的状态去接受、思考、判断和分析。

1. 德育目标要体现开放性

德育目标是高校德育的指针和方向，决定了德育内容、手段和方法等的选择，在德育工作中始终起着主导性和规范性的作用。考察世界先进国家高校的德育目标，可以从中发现，开放性是他们德育目标的共同特色。

我国的德育目标的具体描述是：使学生热爱社会主义祖国，拥护党的领导和党的基本路线，确立献身于有中国特色社会主义事业的政治方向；努力学习马克思主义，逐步树立科学世界观、方法论；走与实践相结合，与工农相结合的道路；努力为人民服务，具有艰苦奋斗的精神和强烈的使命感、责任感；自觉地遵纪守法，具有良好的道德品质和健康的心理素质；勤奋学习，勇于探索，努力掌握现代科学文化知识，并从中培养一批具有共产主义觉悟的先进分子。

2. 德育内容要注重开放性

学生的道德发展是一个持续的、有内在规律的过程。因此，德育内容的开放性，应遵循学生道德发展的规律，充分考虑学生理解和接受的能力，根据时代发展和形势变化而不断丰富和更新。

首先，把道德教育内容的价值准则和规范系统向学生开放，让学生独立思考，理性选择。

其次，灵活使用不同的德育理论和教材。在遵循国家德育统一目标的原则下，根据本地和学生的实际，引进和吸纳一些先进国家的德育理论和经验，开阔学生视野，增加对全球德育发展趋势的了解。

最后，德育内容应贴近实际生活。学校应根据学生实际，定期进行一些诸如形势教育、国家方针政策教育、法纪教育、公德教育、健康教育、环保教育等等。这些德育内容鲜活丰富，与实际生活密切相关，学生容易理解且乐意接受。

3. 德育手段要展现开放性

充分运用现代科技手段，展现德育课堂教学的开放性。如用计算机模拟一些在实际生活中涉及道德问题的个案，再组织学生进行分析、处理。用电化教学再现历史画面和生活情境，让学生身临其境，真切体验，增加感性认识，使开放中的德育课堂变得生动活泼、丰富多彩，提高德育课堂的教学效果。

（三）实践性原则

所谓实践性，是指高校德育创新应在开放的基础上，通过师生互动和活动体验，使德育过程成为激发学生道德思维和创造的过程，在动态中实现德育的内化、提升。

1. 德育课堂要贯穿实践性

德育课堂的实践性就是培养学生分析问题和解决问题的能力，使实践的过程成为学生道德自我完善成熟的过程。

首先，德育课堂的实践性，要突出教师与学生、学生与学生间的互动，在互动中交流、探讨、内化、提高。

其次，德育课堂的实践性，要突出学生动手、动脑能力的培养，使学生面对现实生活中的道德问题，能够从容地运用自己的道德经验去解决处理。

2. 德育活动要突出实践性

德育活动的实践性，应注重学生在活动中的亲身体验，强调学生通过实践活动获取直接经验。高校具有德育作用和效果的活动不少。比如，新生军训、社会实践等等。这些活动可以按照现代德育理念进行科学设计，重点开发，突出活动中学生对事物的感性认识，充分调动学生的感觉器官与心灵的双向交流，把交流中获取的感觉、感知、感情通过思想的过滤、提炼，升华到理性认识，凝结成自己的道德观点。

（四）层次性原则

所谓层次性原则，是指高校德育工作要根据不同教育阶段大学生的年龄特征和思想品德水平，确定不同的教育方法、教育目标、教育内容和教育要求等，做到因人施教、因龄施教、因情施教。

1. 要因人确定德育工作目标

在德育过程中重理论知识的灌输，轻道德体验、道德情感和道德意志的培养与塑造，轻行动的锻炼。高校德育工作要拟定一套基本的道德要求，努力分层次、有步骤地引导大学生从低向高、脚踏实地地从基本道德要求向较高道德追求迈进。

2. 要因人确定德育工作的广度和深度

大学生由于年龄和身心发展水平的差异，所能接受的德育内容层次的广度和深度也就不同。因此，高校德育工作要在具体要求、内容上必须与其相适应。极少数大学生存在厌学、心理障碍等情况，如果内容的广度和深度脱离了其实际，即使内容正确无误，其结果必然是无效或者收效甚微。

3. 要因人确定德育工作的手段和方法

高校德育课教师必须认真研究大学生的个性特征，分清其应达到的道德水平，分清其因个体经验、阅历的不同而呈现出的不同个体道德成熟水平，对不同学生选择并实施不同的手段和方法。

第三节　高校德育创新途径分析

学校、社会、家庭都要转变德育观念，学校要把社会主义核心价值观融入高校德育，强化德育首位观。德育一直是我国教育体系的重中之重。但由于传统观念以及人们的"分数决定一切"的偏见，导致我国从小学到大学对于德育的重视程度不高。高校的思政课程考核依旧以考试分数为主，而学生在学习、考试过程中也只是关心自己的分数。他们对于课程学习过程中的感受和体验关注度不高，究其根源，是他们对于德育的重要性没有足够的认识。

一、高校德育理念创新

高校德育的目的，要是从根本上转变德育观念，把德育放在首位。新时代高校要把社会主义核心价值体系有效地融入高校德育过程中，不断强化德育是教育的核心，是社会发展的灵魂。社会主义核心价值体系体现在大学生生活学习的方方面面，大学生能够获得个性的充分发展，形成符合社会发展的道德意识和行为规则，其德育观念得到转变。新时代，社会主义核心价值观可以引导大学生健康成长。

（一）要破除"教师中心论"的旧观念

教师在德育教学过程中，既是教育者又是受教育者，这样才能做到与学生教学相长，相互提升；同时，教师的角色应由"演员"向"导演"转变，教师要善于调动每一个学生的内在积极性，发挥每一个学生的主观能动性，使学生从被动的受教育者成为主动学习的自我教育者。而且把这种"人本"思想体现在对学生的日常生活和学习的关心、帮助、尊重和激励上，成为学生的良师益友，准确把握学生的思想动脉，积极引导学生道德的发展方向。

（二）要树立"学生中心论"的新观念

充分发挥学生自身的主体意识，让学生在德育教学活动中"搭台唱戏"，成为活动的主角。这样，不但会满足学生自我实现的心理需求，还要增强学生的价值感和成就感。同时，学生角色成为"演员"后，原先那些社会要求就会转化为学生的自我要求，那些外在的道德原则和社会规范就会内化为他们自身的道德信念和行为准则，从而使学生由"道德他律"变为"道德自律"，自觉规范自己的行为，成为德行高尚的人。

二、高校德育内容创新

要从全面建成小康社会的实际出发，从高校学生全面发展的需要出发，坚持以学生为本，解放思想，实事求是，与时俱进，遵循德育发展的新理念，在实践中不断创新高校德育内容。

（一）德育内容创新应与时代发展相适应

高等学校德育要适应新的历史条件，不断改革内容和方法，不断创造新经验。传统的德育往往强调其政治性功能，关注学生的政治方向和思想品德，这无疑是十分重要的，但面对未来社会，如果还局限于此，显然不能满足社会和受教育者自身发展的需求，这种纯思想教育和政治性的品德教育将显得苍白无力。

21世纪的德育，其目标应该从单纯的政治思想品德功能，向注重学生综合素质和个性发展进行拓展，从而符合知识经济对人才全方位的要求。德育内容将根据新世纪的世界格局，根据受教育者的特点，不断改革和完善教学内容，在提高受教育者的综合素质上下功夫，促进人的全面发展和个性的自由发挥，从而使德育理论成为一个能适应变革的综合化新体系。同时，适应民族性教育和国际性教育的双重需要，德育工作在进一步深入挖掘和继承民族优秀历史文化传统的同时，把传统文化与现代化科学嫁接起来，把德育内容与世界政治、经济、文化、军事等方面联系起来，从横向和纵向两方面不断拓展德育工作的范围和空间，从而从大视野、大思路去迎接世界的风云变化和发展格局，培养全面发展的综合型素质人才。

社会主义荣辱观是我国社会主义道德建设过程中的一项重要理论，具有很强的思想性、指导性和现实针对性。它集中体现了爱国主义、集体主义、社会主义思想，体现了社会主义基本道德规范的本质要求，体现了依法治国同以德治国相统一的治国方略，是中华民族传统美德、优秀革命道德与时代精神的完美结合。高校应将荣辱观教育融入德育中，切实加强和改进当代大学生思想教育工作，培育并帮助大学生树立正确的人生观、价值观和道德观。

（二）德育内容应与人才发展的需求相适应

21世纪教育委员会提出人才素质的标准：

第一，有积极进取开拓的精神；

第二，有崇高的道德品质和对人类的责任感；

第三，在急剧变化的竞争中，有较强的适应能力和创造能力；

第四，有宽厚扎实的基础知识，有广泛联系实际、解决实际问题的能力；

第五，有终生学习的本领，适应科学技术综合化的发展趋向；

第六，有丰富多彩的健康个性；

第七，具有和他人协调和进行国际交往的能力。

这给我们发出一个强烈的信号，国际教育界人才培养思路发生了重大变化，从学知识到做事到与他人相处，再到学会发展，学会做人，都开始把眼光从单纯的专业技能教育，转向全面素质的提高，都强调人才培养要从单纯知识的掌握，到能力的发展，到与人相处的艺术，到广泛可持续发展的潜质。

可见，德育在人才素质的培养中具有重要的位置。德育内容创新要以新时代中国特色社会主义思想为指导，把学生培养为全面的人、独立的人、道德的人、健康的人、创新的人，即不仅要关注受教育者政治方向、思想观念等意识层面上的问题，也要关注受教育者身心健康；不仅注重受教育者知识、技能、思维培养，也要十分重视受教育者情感、意志、兴趣、需要、信仰等个性素质，以及社会责任感与社会能力的培养。

总而言之，德育不仅要为受教育者成长指明方向，而且要为受教育者成长所需的个性与才能的发展提供必要的指导与帮助。

三、高校德育方法创新

（一）科学运用典型示范的方法并确立引导式德育方法

运用典型示范的方法，就是利用典型的人和事例对学生进行教育，引导学生去学习、对照和仿效。典型示范法的特点是将抽象的说理变成活生生的典型人物或事件来进行教育，从而激起人们思想情感的共鸣。

第一，深入实际，善于发现典型和推广典型，树立的典型必须有群众基础，其先进事迹必须真实可靠；第二，组织、引导学生有计划、有步骤地学习先进；第三，做好宣传工作，使学生提高学习榜样的思想认识，端正学习态度。如参观展览、听报告会、与模范人物座谈、听先进个人介绍经验等等；第四，形成一个比、学、赶、帮、超的良好舆论环境，推动学习；第五，德育工作者自己也要把先进人物作为追赶对象，这样引导学生学习榜样才能有力量。

（二）重视校园文化建设并确立渗透式德育方法

校园文化是社会文化的一种亚文化，是具有高等学校特点的一种精神环境和文化氛围，它包括学校的教学、科研活动，以及校风、学风、校园环境、制度建设、管理水平、生活服务等多方面的内容。大学生生活绝大部分时光是在校园文化的潜移默化中度过的，通过校园文化的渗透可确立渗透式德育方法。

1. 由有形教育向无形教育转化

有形教育指"两课"教育，党团组织生活，形势政策报告，以及政治学习和讨论等专门的德育活动。无形教育指校风、学风、教风、班风等校园文化的潜移默化。有形教育是必要的。但是，若在运作方式上恰当地借助于无形教育，效果可能更好。无形教育形式多样，生动活泼，寓教于美，寓教于乐，使学生在无形无声中受到熏陶和感染，校园文化就具有这种无形教育的特点。因此，加强校园文化建设，努力塑造校园精神，弘扬富有时代特色的校园精神主旋律，成为教育学生的重要力量。

2. 由有意识教育向无意识教育转化

有意识教育，是指有目的、有计划、有组织地对大学生施加思想、政治和道德影响的以理性形式出现的德育活动。无意识教育，是指体现一定价值观念和审美意向的、以感性形式出现的各种有声有色的校园文化活动及物质环境。校园文化通过提供具有教育意义的场景和活动，对大学生施加影响，使其在无意识中得到教诲。因此，在校园文化建设中，大力绿化、美化校园，发扬为人师表、尊师爱生的风气，完善校园文化设施，开展丰富多彩的文艺活动，努力营造校园氛围，这是使有意识教育向无意识教育转化的重要条件。

3. 由外在教育向自我教育转化

不管是有形教育向无形教育转化，还是有意识教育向无意识教育转化，归根结底，是外在教育向内在教育即自我教育的转化。作为校园文化主体的大学生，其活动的主要结果应该是他们自身的发展。为此，校园文化建设中，应该创造各种学生喜闻乐见的形式，如各种演讲赛、辩论赛、学生宿舍文明建设等，通过学生积极主动地参与，不断提高学生自我教育的能力。

（三）拓展高校德育渠道并确立体验式德育方法

实践教育作为高校德育的渠道，是近年来高校德育工作者创造的一种理论联系实际的教育方法。

这里的实践主要包括三层含义：一是指德育对象的人生实践、人生体验。例如，参观访问、社会调查、社会服务活动等。二是德育活动中的社会实践。例如，公益劳动、青年志愿者服务队。三是德育行为的践行、养成，如学生参加军训、规范管理。实践教育之所以作为高校德育的一个重要方法加以提出，主要因为下列因素：从实践上看，改革开放以来，高校德育在实践方面大胆改革，成绩显著，走出了一条成功的路子；从理论上看，实践既是德育的起点，又是德育的终点，还是德育实施的重要途径和方法，高校应重视实践教育，确立体验式德育方法。

首先，要引导学生勇于实践。即增加学生对人生的感性认识、初始认识，建立学生的初始信念。艰辛知人生，实践长才干。为此，要让学生深入生活，了解生活的底蕴。

其次，要从根本上提高对社会实践的认识。当前，我国改革发展正进入关键时期，高校德育要突出拥护和支持改革这个时代性课题，要通过理论教育和社会实践，从根本上坚定改革的信念，正确对待改革中利益关系的调整，积极为推进改革贡献力量。为此，要适应改革开放的新发展，及时调整充实德育基地，使实践教学制度化、规范化和系列化。最后，注重德行养成。"纸上得来终觉浅，绝知此事要躬行。"一个人要养成良好的道德行为，只有理论知识是不够的，必须付诸实践，知行统一。

（四）贯彻因材施教原则并确立咨询式德育方法

因材施教，就是区分层次，因人施教，根据不同对象的特点和需要开展工作。在德育过程中，确立咨询式德育方法，融德育内容于其中，往往会收到很好的效果。从目前的发展趋势看，心理咨询不仅是一种治疗过程，更重要的是一种帮助、启发和教育的过程。咨询式德育方法是满足学生多方面的需要，是通过咨询机构在开展咨询服务的同时，兼有培训与辅导，以及评价与对策研究在内的三个相互联系的组成部分。

1. 咨询服务

它是整个咨询机构的首要任务，其内容涉及大学生有关的诸多方面，不仅是心理领域，如理想、人生、人格、社会、友谊、爱情、学习，以及某些病症，而且涉及工作方法与能力培养、就业、择业等方面的一些咨询内容。

2. 培训与辅导

旨在按照某种特定的要求，依据人的心理形式、变化和发展的相关原理，通过一定的背景与技术手段，训练辅导某个群体或个体达到某种特定的要求，从而增加一些培养学生心理素质或其他方面的不足内容。

3. 评价与对策研究

咨询式德育方法要科学化与正规化，评价与对策研究，是必不可少的。这项工作是建立在咨询案例的积累与总结上的。因此，咨询档案的建立成为首要的任务。结合高校的状况，可以进行以下几方面的评价与对策研究：一是新生基本素质的评价与分析，目的是把握学生的素质倾向性，并依此提出合乎科学的教育方法，真正做到因人施教。二是学生的基本素质评价与教育对策研究，目的在于科学地预测与把握学生的发展趋势，提出相应的教育对策，达到良好的教育效果，并为学生的择业提供指导性意见。三是常规测评内容与方法的研究，这是辅助咨询的手段，主要是通过一些量表来对学生进行评价。

（五）借助大众传播媒介实现德育手段的现代化

1. 要注重传统媒体的德育功能开发

当今时代，是一个大众传播媒介飞速发展的时代。报纸、杂志、书籍、广播、电视、电影、录像等大众传播媒介被称为最重要的舆论工具，我们在注重传统媒体作用的同时，更要加强对其功能的开发，如在学生宿舍安装闭路电视，充分利用校报、广播台等，及时传播正面信息，分析热点、难点问题，帮助大学生化解矛盾，把问题消灭在萌芽状态。

2. 利用多媒体技术并增强德育课效果

信息技术、网络技术、多媒体技术，在教育领域中的运用，使传统教学手段正发生着日新月异的变化。思想教育的个别谈话式将一改传统的"直面"的形式，不受时间与空间的限制，教育者与受教育者之间的信息、思想、情感等内容的交流，将通过网络这个桥梁来进行。新时代的高校德育，一方面，坚持和强化对大学生的社会意识形态教育、中华民族传统美德和优秀文化教育；另一方面，要努力实现德育课教育的现代化、多媒体化，深入研究德育课教学方法的特殊规律，开发一些多媒体德育教学软件，改变德育教学中呆板的一面，激发大学生学习的兴趣。

3. 运用现代网络技术并实现德育网络化

德育信息网络包括校报、校刊、校广播台、校有线电视台、阅报栏、宣传橱窗，特别是校园计算机网络。该网络既应当充当"把关人"的角色，尽可能把一些流入学校的消极信息过滤掉，又应当发挥"天平"的作用，对一些难以过滤的消极信息进行平衡。该网络的主流应是积极向上的，阻挡、抵制网上的消极信息；要调动可以利用的校园内各种资源，或制作软件，或主动发布信息，主动向各种不良信息应战；要调动广大学生参与的积极性，让学生熟悉现代信息社会的基本运行手段和运行规则，使他们走出校园面对信息冲击，能显得比较成熟和从容。

四、高校德育机制创新

只有建立一套在社会主义市场经济条件下有效运转的，科学化、规范化的工作机制，才能使高校德育工作按照其固有的规律，正确有序地运行，健康持续地发展。当前，要重点健全四大机制。

（一）健全领导机制

党委是学校德育工作的领导核心，应当研究德育的指导思想、工作方针、任务和重要问题，主持制订德育的总体规划与实施计划，定期分析学生思想政治状况和德育工作情况。在党委的统一部署下，建立和完善校长及行政系统为主实施的德育管理体制，校长对学生德、智、体全面负责。一般应明确一名副校长（可由党委副书记兼任）具体负责德育工作。可成立学校德育工作领导小组，也应建立相应的德育工作领导机制。

高校的党委宣传部、学生工作部、"两课"的教学部门、教务处、学生处、团委是组织德育实施的主要职能部门；党委组织部、学工部、人事处是德育队伍的管理部门。学校的其他相关部门都要主动参与、密切配合，真正做到齐抓共管。

各省、市、自治区和中央有关部委教育部门应有相应的机构，推动本地区和本系统高校德育的组织实施。

（二）健全激励机制

激励机制实际上是竞争机制。建立德育激励机制，应遵循教育的外部关系规律，及时地学习和贯彻领导机关有关德育工作的指示精神和信息，以激励和调动全体教职工搞好德育工作的积极性，其理论依据是施教者和受教者均有搞好德育工作的内在动力。其基本途径是鼓励和保护各种形式的竞争，通过物质和精神的两种鼓励方法，通过责、权、利的再确定和再分配，充分调动施教者和受教者的积极性、主动性、创造性，互相配合、互相促进、齐心协力地把德育工作搞好。

（三）健全协调机制

高校德育是一个"和谐的大德育"系统，需要高校内部各个工作部门、各个岗位的协调和配合。

建立有效的协调机制，动员各方面的力量，包括党政协调、教育和管理协调、专职人员和非专职人员协调，特别是后者。要明确分工、职责，处理好集中教育与分散教育、阶段性教育与日常性教育的关系，专职人员要集中精力去解决那些带有普遍性、倾向性的思想认识问题，而在具体工作过程中出现的各种思想问题，应由做行政、业务工作的同志随时加以解决。

做到协调，就要明确直接从事教学、科研、后勤等工作同志的教育职责，提高他们"教书育人，管理育人，服务育人"的自觉性，同时，要求专职德育工作者要熟悉业务，提高科学文化素质和思想理论水平。这样，才能把德育工作同专业教学工作、行政管理工作，以及后勤服务工作有机结合起来，更好地服务于德育工作。

（四）健全投入机制

德育经费要确定科目、列入预算，基本来源为政府拨给的事业费和收缴的学生培养费或学杂费。高校德育经费投入的范围，包括对学生进行思想教育的教学、管理和日常德育活动两部分。思想教育教学、管理经费投入，包括马克思主义理论课和思想品德课教学、德育专职人员和"两课"教师的培训提高、社会考察与调研、有关教研室的业务条件建设和图书资料、德育科研。日常德育活动经费投入，包括对学生的日常思想品德教育、假期和课余组织的学生实践、大型德育活动，以及用于学生和德育队伍表彰等所需经费。学校应把建设适应学生德智体全面发展的现代化德育设施、设备和活动场所、基地纳入总体建设规划，并从基本建设费和设备费中给予保证。各级政府要在德育工作"硬件"建设上给予支持和优惠，不断增添活动场所，更新设备，完善设施，从而使高校德育工作的各项方针政策真正落到实处。

五、高校德育环境创新

德育应是全社会的力量共同投入完成的大工程，要遵循德育规律，建立起学校、家庭、社会"三位一体""齐抓共管"的"大德育"格局。

（一）高校、社会和家庭各司其职

从学校方面看，幼儿园、小学、初中、高中、大学每个阶段都应很好地开展德育工作，这几个环节是相互衔接的。德育工作是一个过程，把每个阶段抓好，才能为高校德育工作铺好路，打好基础。高校是大学生成才的摇篮，营造优良的德育氛围，对大学生思想品德的形成和发展起着至关重要的作用。高校要全面贯彻和执行党的教育方针，加大德育工作的力度，全方位、全过程、多角度地对学生实施教育和影响，在各门学科教学中都努力渗透思想品德教育。

从社会方面看，社会的各个部门和行业，也应配合高校德育工作。大学时期是大学生世界观、人生观、价值观形成的重要时期，社会环境的优劣，对其思想道德素质培养起着重要的作用。优化社会环境应引起全社会的高度重视，需要各级党委、政府和全体公民的共同努力。

从家庭方面看，家长要时刻关注孩子的变化，多与孩子沟通、谈心，及时纠正他们错误的人生观、价值观。将孩子引向正常生活的轨道，跟上时代潮流。

（二）高校、社会和家庭的沟通与合作

毫无疑问，在对大学生的德育过程中，学校、社会、家庭三者的影响，都是不可忽视的，需要学校、社会、家庭三个方面形成一个有机的系统来共同完成。当前，高校德育工作中存在着与家庭、社会协调不够的问题，必须加以克服。

学校要主动争取家庭、社会对学校德育的支持，充分发挥家庭、社会教育的积极作用。教师要主动联系家长，建立家、校联系制度，互通学生有关情况，使学生的教育不留"盲点"；同时，使家长的意见及时得到反映，促进学校德育工作和家庭德育工作有针对性地开展。

学校应充分开发、利用社会丰富的德育资源，开展德育工作。通过校企合作、产教结合等形式，多渠道创建校外德育基地，紧密结合学生学习的专业实际，聘请有关人员为校外德育辅导员，并定期请他们来校讲课，通过走出去、请进来，开阔学生视野，使培养出

来的学生适应社会的需要。学校应该定期对学生进行跟踪调查，了解社会对人才培养的要求和学生适应社会的情况，以改进高校德育工作。

六、加强师德建设

一所学校能不能为社会主义建设培养合格的人才，培养德智体全面发展、有社会主义觉悟、有文化的劳动者，关键在教师。

在高校德育中，教师作为人类灵魂的工程师，发挥着主导作用。一所学校的教师师德状况如何，不仅可以反映出该校教师队伍素质的高低和教学质量的好坏，还直接影响着师生的精神风貌和学校的整体文明程度。在学校德育工作中，衡量德育效果的高低，通常是看德育目标转化为个体品质的程度。如果教育培养目标的要求能够转化为学生个体的素质，那么德育工作就达到了预期的效果。德育效果一方面与受教育者的接受程度有关，另一方面，也与教育者自身的思想修养有关。教育的一般规律告诉我们：教育是教育者和受教育者的双边活动，且教育者在活动中起重要作用。也就是说，在德育工作中，教师队伍的师德状况是决定德育效果的主要因素之一。这是因为教育具有以人格培养人格，以灵魂塑造灵魂的特点。长期的教学实践表明，教师良好的思想观念、品德修养，对学生的健康成长具有重要的导向作用和潜移默化的影响作用。

制度建设是教师队伍建设的基础。良好师德的养成是一个渐进的过程，既要靠自律，也要靠他律。在师德建设中，既要重视思想教育的作用，又要从制度上加以严格的约束和管理，督促教师自觉履行教书育人职责。

当前，应重点制定和完善以下几项制度：

（一）师德学习培训制度

首先，政治素质的培训。主要包括：政治理论教育、时事政策教育，法律法规教育等。

其次，道德素质的培训。主要包括：公民道德规范教育、教师职业道德教育，学术道德教育等。

最后，业务素质的培训。主要包括：学习教育的新理论、新观念、新思想、新知识、新方法等。

（二）师德考评监督制度

充分发挥师德考评和社会监督作用，是提高师德水平的重要保证。人非圣贤，孰能无过，有了他人和社会的监督，使教师更加注重自己的一言一行。对教师师德的考评，也是对教师德才表现和工作成绩的综合检查，对教师本身的发展有着重要的影响作用。高校应采取民主公开的方法，建立健全教师自评、教师互评、学生评价和领导评价相结合的考评机制，使教师更清楚地认识到自己的形象，从而督促自己在任何时候都要做到为人师表。

（三）师德激励约束制度

良好师德的形成，既要靠学习教育，也要靠激励约束。学习教育是基础，激励约束是一种必要的手段。激励就是表彰先进，树立榜样，建立师德标准；约束就是对违反师德的教师，按照规定严肃处理；对于品德不良，师德败坏，社会影响恶劣的，坚决取消其教师资格。从而使教师在制度的约束下，自觉规范自己的言行。良好师德的养成，有助于强有力的激励和约束机制，只有这样，才能确保师德建设取得实效。

（四）师德内化自律制度

提高师德修养，离不开外部的条件和作用。但是，主要还是依靠教师自身的主观努力和高度的自觉性。师德修养就其本质来说，是教师内心的自我认识、自我教育、自我提高。因此，建立师德内化自律制度，十分重要。内化就是教师将社会约定的职业道德规范转化为教师自身的行为准则，将外在的约束和要求转化为自身道德修养的过程；自律就是无论是否有外在的约束或监督，教师都能严格要求自己，自觉自愿地遵守规范。内化自律制度的建立，使得教师在行动中遵守师德规范时，内心会感受到欣慰和愉悦；如果违背了原则，就会内疚和自责，从而达到"慎独"自律这样一种高度自觉的道德境界。

七、德育评价机制的创新

（一）建立多功能的学生德育评价机制

高校的学生德育评价的目的，不仅仅在于评定学生的德育水平，对学生的德育状况有一个诊断，更重要的意义是，通过德育的评价起到鼓励先进、鞭策后进的激励作用。只有通过充分激发德育评价的激励功能，才能使学校的德育活动自始至终处于一种积极活跃的最佳状态之中。

（二）德育评价要从"单一结果评价"向"多样结果评价"转变

当前，德育评价单一结果的评价形式，越来越不能反映学生多样化的状况和不同的个体特点，在客观上也不能适应高校素质教育的推行和社会对大学生多样人才的现实需求。因此，德育评价在内容上，要从单纯重视道德认知成绩的评定，转向对学生的"德"和"能"综合素质的全面考察。在结果上，要从单一综合定性等级评价转变为客观反映学生各类情况多样化的纪实评价，建立起综合性的、多样化的学生新型评价体系，积极推进学生德育评价体制的革新。

（三）德育评价要将"自评"和"他评"结合起来

在高校的育人过程中，教育者和学生都是主体，既要充分发挥教师在教育过程中的主导作用，也要充分尊重学生的主体地位。这是一个重要的现代教育理念。但是，在现实的学生德育评价过程中，学生往往处于较为被动的被评定地位，学生德育评价往往注重"他评"，而忽视学生对自身德育状况的"自评"，没能充分体现和发挥学生的主体地位与作用。因此，我们要通过德育评价从"他评"到"自评"的转变，将两者有机地结合起来，积极引导学生把德育的外在要求转化为内在的动力，促使评价活动成为学生自我教育、自我调节的有效载体，更大地发挥德育评价的导向激励功能。

（四）德育评价要将"定性评价"和"定量评价"结合起来

在现实操作中，通过定量评价产生学生德育定性等级的办法，带有很大的不合理性。同时，由于定量评价是产生学生德育定性等级的基础，因此，学生都十分注重各项指标的得分，这往往导致高校学生德育评价由对学生德育的诊断与激励变成学生对利益的追逐，所以，要定性评价与定量评价相结合。定量评价是指采用指标的方法，收集和处理数据资料，对评价对象做出定量结论的价值判断。定性评价是指不采用指标方法，而是根据评价对象平时的表现，现实的状态或文献资料的观察分析，直接对评价对象做出评价的价值判断，以求得对学生更客观和更全面的评价。

总之，中国特色社会主义进入新时代，对于我国的发展是一个机遇和挑战，对我国高校德育提出了更高的要求。高校德育可以说是一项系统工程，离不开具有新时代德育观念的支撑，离不开适应新时代发展的德育内容和方式的更新，更离不开具有高素质的教育工作者的参与。高校德育是一项长期而艰巨的工作，在这个过程中，高校德育要明确发展方向，不断加深与社会主义核心价值观的融合，培养新时代的大学生。

第二章　思维方式与高校德育思维方式探析

第一节　思维方式

一、思维方式的含义

（一）思维的含义

思维是人脑对客观事物进行分析、综合、判断、推理的活动，是人们反映外部世界本质和规律的能力，是人认识事物的活动过程和对信息的一种排序。思维属于哲学方法论的范畴，也是大脑神经网络这个复杂系统的运动过程。思维的定义：思维又作思惟，即思量、思忖、思考。人类对客观事物间接的和概括的反映。思维以感觉和知觉为基础，它揭示事物的本质特征和内在联系，是认识的高级形式。思维是通过一系列复杂的操作来实现的，人们在头脑中运用贮存在长时记忆中的知识和经验，对外界输入的信息进行分析、综合、比较、抽象和概括的过程。

可见，离开思维，人类无法把握事物的本质、实质，无法把握世界的普遍力量和终极目的。思维要完成这些任务，必须借助于一定的思维方法，即采取相应的思维方式。因此，认识思维方式是十分必要的。

（二）思维方式的含义

思维方式即在思维活动进行之前主体思维既有的先验的结构，它在认识、思维活动中具体地表现为设定问题、选择问题、剖析与解决问题和说明问题的思维形式、思维方法，或者可以说，思维方式即是思维结构、思维形式和思维方法等方面的概称。人类的思维活动是人脑根据自身的社会实践，凭借语言等符号系统，并遵循一定的运作程序，理解和把握世界的过程。思维方式是抽象的思想方式，是人们思考问题，进行抽象思维的方式，是主体认识客观现实，在思维中反映和把握客观现实的方式。包括人们思考问题的角度和思维的路线、方法。思维方式是一个带有整体性和综合性的范畴，是人们对世界整体性的认知方式，是一定时代人们的理论认识方式。所谓思维方式，是一定社会历史实践活动形成的、由人的各种思维要素及其结合并按一定的方法和程序表现出来的相对稳定的思维样式，是主体观念的理解和把握世界的一种认识方式，即认识的发动、运行和转换的内在机制和过程。

二、思维方式发展变化的根源、过程及特征

思维方式的产生源于实践方式，实践方式的发展变化决定了思维方式的发展变化。但思维方式具有相对稳定性，往往滞后于实践方式的发展变化。

（一）思维方式发展变化的根源

不同历史时代的思维方式是不同的，这归根结底是由各个历史时代不同的实践方式造成的。每个历史时代的思维方式，只有从该历史时代的实践发展状况中才能得到科学的说明。

一方面，思维方式归根结底是由实践方式决定的。人的思维的最本质的和最切近的基础，正是人所引起的自然界的变化，而不仅仅是自然界本身；人在怎样的程度上学会改变自然界，人的智力就在怎样的程度上发展起来。一定时代的生产力发展水平，特别是科学技术发展水平，决定着生活在这一时代的人们的社会存在方式和行为方式，进而决定着这一时代人们的思维方式。"每一个时代的理论思维，从而我们时代的理论思维，都是一种历史的产物，它在不同的时代具有完全不同的形式，同时具有完全不同的内容。"不同的时代，由于人们生产方式和生活方式的不同，形成了具有时代特色的思想观念，这些思想观念以"逻辑的式"固定下来就成为该时代的思维方式。

另一方面，思维方式随实践方式的发展变化而发展变化。人类高度发达的思维能力并不是与生俱来的，而是在认识和改造世界的活动中由低级到高级，由简单到复杂逐步发展起来的。人类思维方式的发展变化是人在改变客观世界的同时，不断进行自我调整和自我改变的结果。

思维方式是动态的和过程性的，它必然伴随着人类生产方式的变化而变化，只要人类还在进行着变革现实的活动，就必然要通过转变自己的思维方式来适应社会变革的要求。

旧的思维方式为新的思维方式所代替，是人类思维进化的必然规律。

（二）思维方式发展变化的过程

思维方式形成的基础是社会实践，科学技术又是人类社会实践活动的直接推动力和结果。每一次重大的科学技术革命都会引起人们生活方式和行为方式的变化，进而引起思维方式的变革，因此可以说科学技术是思维方式变革的直接推动力。随着科学技术的发展进程，人类思维方式大致从古代直观的整体思维方式发展到近代机械论思维方式，再发展到现代复杂性思维方式。

1. 古代直观的整体思维方式

在农业社会，人类与自然交往的工具和技术日益发展，交往范围不断扩展，人类开始主动地认识和改造自然，形成了直观的整体思维方式。这种思维方式具有整体性特点，对事物的直观现象进行整体描述，没有对事物内部结构做出详细分析。例如，古代的中医对于人体内部结构不能做出详细分析，只能对人体进行直观现象的整体描述。

2. 近代机械论思维方式

机械论思维方式的核心思想和方法是还原与分析，即把研究对象从环境中分离出来，然后把研究对象分解为部分，把高层次的复杂问题还原为可以解决的低层次的简单问题，用自下而上各层次相对简单问题的逐步解决替代对高层次复杂问题的解决。

3. 现代复杂性思维方式

复杂性思维方式具有非线性、整体性、立体性、关系性等特征，它注重考察系统的要素、结构、环境、信息、控制等之间的非线性关系，探寻问题产生的多种原因，提出解决问题的多种方案，对解决方案的多种影响做出预测，综合分析，选出最佳方案。复杂性思维方式是迄今为止人类思维水平达到的最高阶段，是人类全部智慧的结晶。

（三）思维方式发展变化的特征

思维方式虽然随着生产方式的变化而变化，但思维方式一旦形成就具有相对稳定性，其发展变化是比较缓慢的。思维方式作为特定时代社会实践方式在人脑中的内化与积淀，属于认识的最深层次，是一种观念形态的东西，它有自身独特的发展变化规则，它与社会实践的发展变化之间保持着一定的张力，即思维方式的发展变化与社会实践发展之间不完全同步。

思维方式的发展变化是诸多因素综合作用的结果，一经形成就具有相对稳定性。纵观人类文化发展史，历史变迁的一般程序（实际情况要复杂得多）是按照社会经济形态——社会政治法律制度——表层文化形式——思维方式的层次向前推进的。

思维方式既可以促进社会实践的发展，也可以阻碍社会实践的发展。当某种思维方式刚开始形成时，它有利于促进社会发展；而当某种思维方式成为一种思维定式并落后于时代发展的步伐时，它就会阻碍社会发展。

人们从事任何社会实践活动，都离不开一定的思维方式指导，思维方式是深藏在实践背后的"看不见的手"。在此意义上，社会实践方式是思维方式的外在表现，思维方式是人类社会实践活动的理性积淀，是人类对自然界和自身的认识过程中形成的思考问题的习惯性模式。每个时代都有自己时代的思维方式，同时每个时代的思维方式都具有时代赋予的不可克服的局限性与保守性，在社会实践发展中旧的思维方式必然要不断向前发展，新的思维方式必然扬弃旧的思维方式。

三、思维方式的分类

目前，理论界对思维方式的划分是多种多样的，参考系不同、标准不同，划分的结果就迥然相异。

根据思维活动的内容和工具划分，思维方式可以分为直观思维方式、想象思维方式和逻辑思维方式。直观思维方式的对象主要是过去的经验、感性事物和直接观察到的现象。想象思维方式主要表现在形象思维中，通过联想、象征、典型化的途径创造出新的形象。逻辑思维方式是思维按照一定的逻辑程序、逻辑规则和逻辑方法进行和展开的方式。

根据思维方式发展水平和程度划分，可以分为感性思维方式、知性思维方式和辩证思维方式。感性思维方式采取直观的方法，对事物形成直观、形象、笼统和模糊的认识。知性思维方式把认识对象的丰富内容和普遍联系抽象化、孤立化，形成一种确定的、凝固的知识。知性思维方式是一种静态思维方式，带有封闭性、保守性和形而上学性特征。辩证思维方式是一种动态思维方式，它用联系、发展、全面的观点分析和解决问题。辩证思维方式有发散—开放式思维、批判—创造式思维、多样—总体式思维等多种形态。

根据人类发展的历史时代进行划分，思维方式可以分为古代思维方式、近代思维方式和现代思维方式。古代思维方式具有直观性，近代思维方式具有机械性。现代思维方式具有系统综合性、动态开放性、自觉创新性等特征。

根据对客观事物的处理方式进行划分，分为简单性思维方式和复杂性思维方式。简单性思维方式是近代自然科学研究中形成的科学方法论的哲学表达，它具有线性、还原性、实体性、平面性等特征。简单性思维方式是将复杂现象做简化处理，省略掉一些非线性因素，在分析、拆解的基础上，把低层次部分累加为整体的思维方式。复杂性思维方式是现代（20世纪以来）自然科学研究中形成的科学方法论的哲学表达，它是在复杂性科学活动领域中孕育、滋生出来的，它具有非线性、整体性、关系性、立体性等特征。复杂性思维将"复杂性问题当作复杂性来处理"，考虑复杂事物外部及内部的各种非线性因素，在分析、拆解的基础上，再将各因素加以整合的思维方式。复杂性思维方式已经超越了复杂性科学领域，从自然科学领域推进到社会科学领域，逐渐被提升到一般化和普遍化的哲学层面，作为一种科学的认识论和方法论正渗透到各个学科研究领域和社会生活各个方面。

根据不同标准划分的各种思维方式之间具有交叉性。简单性思维方式与直观思维方式、知性思维方式、近代思维方式具有相通性，复杂性思维方式与逻辑思维方式、辩证思维方式、现代思维方式具有相通性。

第二节　简单性思维方式

简单性思维方式是人类在长期社会实践和认识过程中，尤其是在近代自然科学发展中形成的思维方式。近代科学运用简单性思维方式取得了巨大成就，但随着科学研究的深入，简单性思维方式无法解释复杂的自然界和人类精神世界，无法解决人类社会发展中的诸多难题。

一、简单性思维方式的特征

由于理性的有限性，人类不能完全认识和把握这个复杂的世界，于是人类在认识复杂世界中寻找到一种有效的策略，即抽象和简化的策略，将复杂世界做简化处理。经典科学的简单性思维范式就建立在这样的观念基础上：现象世界的复杂性也应该能够从简单的原理和普遍的规律出发加以消解，简单性是构成它的本质，复杂性是现实的表面现象。由于对这种观念的坚信，人类在科学研究和社会实践中形成了以线性、还原性、平面性、实体性等为特征的简单性思维方式。

（一）线性

线性本来是数学中的概念，从几何图像上看，线性就是直线性。在线性相互作用的系统中，两个变量之间保持一种固定的比例关系，即两个变量之间存在一个常数，表明两个变量的相互作用在时空上是均匀的、对称的，在性质上是等价的。线性系统的基本特点是，一个量的变化总是引起其他量按照固定的比例改变。解决非线性问题的唯一方法就是将其简化为线性问题。线性思维的前提假设是，现实世界本质上是线性的，非线性不过是对线性的偏离或干扰。线性思维是一种常用的思维方式，通常人们认为，认识一个对象就是要找到简单的线性方程，获得解析。

线性思维是指把思维对象看作线性系统来认识的思维方式，即一种直线的、单向的、单维的、缺乏变化的思维方式。任何思维客体都有一个纵向系统，线性思维表现为向着一个方向延伸开来的直线思维，即思考问题从一个起点出发，从一个角度观察，沿着固定方向或向前延伸，或向后回溯。线性思维将认识过程简约化、线性化，是探寻事物发展变化规律的一种重要方法。线性思维对于事物发展现状的认识比较清晰，并能在一定程度上预见事物发展的前景。

但是，线性思维的缺陷也十分明显。线性思维容易忽视事物之间的横向联系，缺乏对事物进行多层次、多角度的立体透视，在认识的深度和广度上有很大的局限。线性思维从多要素、多层次的复杂系统中，抽查两个要素作为变量（将其他要素假设为不变量而忽略不计），孤立考察两个变量之间的因果关系，割断了两个要素与其他要素的客观联系，错综复杂的因果网络就被简化为单向因果链条。线性思维注重进行历史类比，重视对传统和经验的利用，排斥与传统经验相异的结论，不愿去探索新路，难以得出新结论，难以产生新发现。

（二）还原性

还原性思维方式将整体分解为部分，将复杂事物分解为简单事物，将持续不断的发展过程割裂为相对静止的个别片段，把高级运动形式归结为低级运动形式。概括起来说，还原性思维方式就是孤立地、僵化地、机械地看待与对待事物与世界的形而上学思维方式。

还原性思维方式是在以分析为主要特征的近代科学技术的发展中形成的。还原性思维方式力图用最简单的公式或原理推导出万事万物的原因，它不断分解宏观事物，直到最低的层次和最终的物质要素出现，在微观物质基元寻找事物的终极根源，做出终极说明。还原性思维方式克服了古代整体论思维方式的朴素、直观、模糊等局限和缺陷，使科学认识达到了精确、严格的程度。它的历史地位和作用是不容抹杀的，即使在今天仍然有广泛的使用范围。

但是，在系统科学特别是复杂性科学兴起以后，还原性思维方式的局限和缺陷日益明显。还原性思维方式的局限性集中表现为将现实生活中的每一种现象都看成更低级、更基本的现象的集合体或组成物，用低级运动形式的规律解释高级运动形式的规律，用自然科学理论解释精神科学现象，用无机界规律解释有机界现象。还原性思维方式将整体中要素之间的关系简化为原子式的机械关系，将整体简化为要素的简单叠加，在根本上消解了事物的复杂意义。

（三）平面性

平面性思维是主体围绕思维对象整体中的某一个方面（平面或曲面）展开的思维方式。一个事物由许多方面构成，平面性思维从事物的一个断面展开，是线性思维向纵横两个方向扩展的结果。平面性思维从平面上不同的方位去研究某个问题，相对地达到全面认识某一平面。当思维定向、中心确定以后，它就要从几个方位去分析或说明这个问题，但是这些方位只是某个平面中的几个点，并不构成立体空间，因此，它仍然是由于某个平面中的全面，并不是反映对象整体性的全面，因而这种全面相对于立体思维来说，仍然是不全面的。充其量，它只不过是二维思维或单面思维、非空间思维上的一种全面。

任何事物都有多向联系，平面性思维就是进行横向的平面比较，能够认识到事物在某一面上的各种联系，有利于开阔思路、活跃思维，有利于打破思维定式、沟通各学科之间的联系。如果用图形表示平面性思维，或是表现为平面上的一个点向着周围展开，或是表现为向着不同方向延伸开来的直线，它不涉及认识对象的诸多方面，而只涉及认识对象某个方面的不同方位。平面性思维无法将事物纵横两方面联系起来，往往忽略事物发展的历史过程，难以全方位地观察问题。

（四）实体性

实体性思维几乎统治了古代哲学家和近代科学家的头脑，直到现在，仍然具有很大的影响力。实体性思维的哲学基础是实体实在论，无限复杂的宇宙可以还原为某些基本实体，即具有既定或固有质的绝对本体；绝对本体超感性超现实，却是现实和感性世界的基础。所谓实体性思维，就是把宇宙万物理解为不同实体排列的集合，以实体的眼光看待事物的存在方式，并以此为前提诠释一切。

实体性思维具有抽象性特征。实体性思维相信，宇宙万物可以还原为某种原初状态，可以找到构成宇宙万物的最小、最基本的终极单位，可以找到事物的本质存在。实体性思维从"本体论承诺"出发诠释一切，相信事物本质的存在，不断地向内挖掘事物的本质，将对事物本质的摹写和再现看作绝对的、确定的、不容怀疑的"真理"。因此，认识一个事物，就必须先抽象地把握规定着它本质的实体。实体性思维方式的对象是远离现实生活世界、悬于现实生活世界之外的本体，它以统一性的抽象抹杀事物的多样性，以远离事物本身的抽象本原本体性概念裁定现实生活世界，极容易导致对现实生活世界的忽视。

实体性思维具有预定性特征。实体性思维以"是什么"为思考对象，注重对"是什么"问题的分析，而不关心"是"的本身，不关心事物怎样生成，或者说实体性思维只关心事物生成的结果而不关心事物生成的过程。

实体性思维具有对象性特征。实体性思维预设了与主体及其实践绝对无涉的"事物本身"，预设了主体与客体、主观与客观的分离。实体性思维把主体和客体、心灵与世界先在分开，将两者看作彼此外在、处于互相封闭、各自独立的对立关系中。

二、简单性思维方式在社会发展中的应用及成就

近代自然科学运用简单性原则取得了巨大成就，经典力学①是其典范。牛顿②认为，可以对自然界进行简单化处理，他用三条运动定律和万有引力定律概括了从伽利略开始的科学成果，用不变的物体之间的简单的力解释了一切自然现象，把天体运动和地面物体运动规律统一起来。爱因斯坦也把追求简单性作为一生的最高目标，他说："迄今为止，我们的经验已经使我们有理由相信，自然界是可以想象到的最简单的数学观念的实际体现。我坚信，我们能够用纯粹数学的构造来发现概念以及把这些概念联系起来的定律，这些概念和定律是理解自然现象的钥匙。③"他认为，如果不相信世界的内在和谐，就不可能有科学，相信世界的内在和谐是一切科学创造的根本动力。爱因斯坦的狭义相对论和广义相对论都遵循逻辑简单性原理。近代自然科学描绘的世界是简单、均匀、和谐、完美的图景，它坚信：现象世界的复杂性能够还原为简单的原理和普遍的规律，复杂性是它的表面现象，简单性构成它的本质。

近代自然科学中的简单性思维渗透到哲学社会科学领域，在哲学中表现为机械唯物论

---

① 牛顿力学，Newton mechanics，别名：牛顿定律，牛顿第一定律，牛顿第二定律，牛顿第三定律。

② 艾萨克·牛顿（1643年1月4日—1727年3月31日），爵士，英国皇家学会会长，英国著名的物理学家、数学家，百科全书式的"全才"，著有《自然哲学的数学原理》《光学》。提出万有引力定律、牛顿运动定律，与莱布尼茨共同发明微积分。

③ [美]爱因斯坦.爱因斯坦文集：第1卷[M].许良英，等，译.商务印书馆，1976：74.

哲学。机械唯物论认为，自然不是一个有机的生命体而是一架机器，它由物质粒子组成，按照确定的力学规律运行，各个组成部分都精确可测，完全受制于线性因果律的作用。牛顿经典力学取得的成功启发哲学运用其概念范畴和思想方法来理解和把握世界，机械唯物论哲学很快发展成熟。机械唯物论哲学的思维方式带有形而上学性，只承认事物的存在却否认事物的联系，只看到事物的一面而否认其他方面。

纵观人类认识的发展历史，不难发现，简单性思维是人类在长期社会实践和认识过程中形成的"人类传统"。

第三节 复杂性思维方式

一、复杂性思维方式概述

复杂性思维方式是在复杂性科学活动领域中孕育、滋生出来的，它已经超越了复杂性科学的领域，从自然科学领域推进到社会科学领域，被提升到一般化和普遍化的哲学认识论高度。复杂性思维方式不是对简单性思维方式的完全否定，而是对它的扬弃。

真实的世界是简单与复杂、有序与无序、确定性与偶然性、线性与非线性、稳定与不稳定的统一，复杂性思维不进行理想化和简单化的预设，它要解决真实世界中的问题。在工业社会通行的是建立在牛顿力学基础上的简单性思维方式，而以知识经济为主的信息社会是一个信息资源共享的复杂性世界，简单性思维方式在复杂性系统和环境里显得苍白无力，研究复杂性系统必须考虑到它的非线性、多样性、多层性、整体性、自组织性、开放性等特征，即必须运用复杂性思维方式来研究复杂性系统。对未来世界的把握最终将依赖人类对复杂性的认识，运用复杂性思维方式把"复杂性问题当作复杂性来处理"。

复杂性思维方式是当前科学新进展在哲学认识论上的重要体现。复杂性思维方式是在复杂性科学活动领域中孕育、滋生出来的，它已经超越了复杂性科学领域，从自然科学领域推进到社会科学领域，逐渐被提升到一般化和普遍化的哲学层面，作为一种方法论开始被应用到诸多学科的研究中。

二、复杂性思维方式的特征

复杂性思维方式的含义不能通过几句话来界定，但可以通过它的一系列特征来理解。

复杂性思维方式的基本特征有非线性、整体性、立体性、关系性等，其中，非线性是其主要特征。

（一）非线性

经典科学主要研究线性关系，现代科学开始转向非线性关系。现实世界本质上是非线性的，线性关系只是非线性关系的特例。近代社会，由于没有建立非线性数学模型，常将非线性问题简化为线性问题来认识和处理。这种"化曲为直"的线性思维容易歪曲现实世界的真实面目，形成错误的理论认识和行动方案。

非线性系统是相互连接的，非平面、立体化、无中心、无边缘的网状结构，类似人的大脑神经和血管组织。其基本特点是，不同量之间的变化不成比例关系，一个量的微小变化可能导致其他量或系统整体结构、功能的巨大变化。对于复杂的非线性系统来说，不能将其做简化处理，不能满足简单的一因一果解释，而要运用非线性思维在不同层次上研究各种因素之间错综复杂的因果关系，探寻事物的多因多果。非线性思维具有自组织性，即思维一开始就不断接收新信息、淘汰旧思路，受到各种随机因素的影响，在涨落的作用下出现有序结构，得到解决问题的思路。非线性思维具有分叉性，思维过程以分叉的形式演化，形成多个分支系统，每个分支系统都可能产生新质，从各种新质中抓住有价值的东西，触发灵感的爆发。

（二）整体性

世界是许多系统的有机构成，无数非线性相互作用使之成为一个复杂的层级系统，用还原性思维方式将世界孤立分解开来，难以准确地描述世界。对任何事件的分析都不能孤立地进行，必须用整体性思维分析事件之间的复杂联系。整体性思维是由客观事物的整体性所决定的，存在于系统运动的始终。整体性思维是建立在整体与部分之间辩证关系基础上的，整体的属性和功能是部分按一定方式相互作用、相互联系形成的，整体正是依据这种相互联系、相互作用的方式实行对部分的支配。整体性思维就是把研究对象作为系统来认识，将研究对象都分解为若干要素，理清各要素之间的关系，优化要素的结构，使之发挥"1+1>2"的功能。整体性思维将研究对象放在更大的系统内来考察，也就是说，考察研究对象与环境之间的关系，使研究对象不仅适应环境，而且要超越环境。

作为一个整体的系统，不是各子系统性质的简单相加，而是大于各组成部分之和，即每个组成部分不能代替整体，每个层次的局部不能说明整体，低层次的规律不能说明高层次的规律。复杂系统的各子系统之间及各要素之间的联系广泛而紧密，构成一个复杂的网络，每个要素的变化都会引起其他要素的变化，系统整体的功能是各子系统之间相互作用突现的结果。因此，必须从整体上去把握系统的发展趋势和特点。系统演化的突出特点是"涌现"，涌现的新奇性就在于系统整体行为超越了其构成要素的属性和功能的简单叠加，我们无法仅仅通过对其构成要素的认识而获得系统整体的预测。复杂性的方法要求我们在思维时，永远不要使概念封闭起来，要粉碎封闭的疆界，在被分割的东西之间重建联系，努力掌握多方面性，考虑到特殊性、地点、时间，又永远不忘记起整合作用的总体。

（三）立体性

立体性思维是指从多点、多面，以及在不同时空中与这些点面相联系的事物中认识思维对象。这种纵横统一、多元思考、全方位反映思维对象的立体性思维，能够获得最无片面性的整体认识。立体思维从思维对象的本来面目出发，努力反映思维对象的外在全貌、内在多级本质和全部规定性，因而可以极大地克服思想上的片面性，成为迄今为止最为科学有效的思维方式。立体性思维要对思维对象进行纵向和横向的考察，然后按照思维对象固有的发展层次，将纵向和横向的各种要素组成思维网络，确定思维网络上的扭结，再现思维对象的全貌及其与周围事物的复杂联系。

（四）关系性

关系性思维就是"以关系的眼光看待一切"的思维，认为事物不是孤立的、由固有质构成的实体，而是多种潜在因素缘起、显现的结果，每一个存在者都以他物为根据，是一系列潜在因素结合生成的。存在者不能自足地"是"，它的"是"取决于他者，每一存在者的根据都在由无数他者构成的关系中、场中。存在者是无数潜在因素借助特定中介、在特定的"相空间"里结合、显现而成。关系性思维强调个体只有在与环境、背景的关系中才能得以存在和认识。

三、简单性思维方式与复杂性思维方式的辩证关系

任何事物都是简单与复杂的对立统一。一方面，简单是处于复杂性中的简单，简单的事物可能包含着复杂性。任何简单的事物都具有复杂的内部矛盾和多维的外部联系，表现出复杂性的一面。对看起来极为简单和容易理解的事物，如果从多种角度来思考和理解，完全可以看出其中的复杂性。另一方面，复杂中包含着简单，可以通过简单的方法来把握

复杂。任何复杂的事物经过适当的分解都可以还原为简单的构成要素和简单的关系，表现出简单性的一面。

简单性思维方式与复杂性思维方式是相互补充的。复杂性思维方式是对简单的还原论和机械决定论的思维模式的扬弃，是建立在对简单性思维方式的批判和超越基础之上。复杂性思维方式不是以单纯的或片面的整体性来代替还原论，而是要将还原论与整体论结合起来，从两种研究路径去探讨问题。一是还原论的路径，按还原的方向，从上到下，从大到小，把整个复杂系统逐渐分解、层层剥开，直到找出组成该系统本质的要素和子系统。如果不从还原论路径看问题，就极容易运用片面的或者局部的整体论看问题，依然是简单性思维方式的表现。二是整体论的路径，将复杂系统看作一个整体，按照整体把握的方向，从下到上，将复杂系统的各要素、各子系统逐渐组装整合，使其产生组织效应、结构效应，在整体上涌现出新的面貌、新的特性。事物的各系统及各要素之间不是单一的线性关系，而是多样的非线性关系，复杂性表示系统及要素之间的多样性、过程性。任何事物既是承受作用者又是施加作用者，既是原因又是结果，既是部分又是整体。如果把复杂的组织现象还原到组织的最简单的层次，将是乏味的，只有同时把握统一性和多样性、连续性和断裂性，才具有一定意义。复杂性思维方式的兴起并不意味着对简单性思维方式的背弃，而是对简单性思维方式的容纳、会通和超越。

复杂性思维方式不是以唯心主义和机械唯物主义为理论基石，而是以辩证唯物主义为理论基石的。科学研究要以辩证唯物主义为哲学指导，要坚持实事求是，防止主观主义，要克服机械唯物论，避免死心眼。

复杂性思维方式与辩证唯物主义是互补的，具体表现为：一方面，是辩证唯物主义对复杂性研究的指导作用；另一方面，是复杂性科学对辩证唯物主义在实证、充实、深化与发展等方面的推进作用。

第四节　高校德育思维方式

一、高校德育思维方式的内涵

（一）高校德育概述

在我国，德育是指学校对学生的思想、政治和品德教育，教育者是学校和学校的教师，受教育者是学生。如果受教育者是大学生，就称之为高校德育。

高校德育与大学生思想政治教育是直接同一的，这是因为：1. 受教育者都是大学生；2. 两者的指导思想、教育目标都相同。高校德育或大学生思想政治教育都要坚持以马克思主义理论为指导，都要培养中国特色社会主义事业的建设者和接班人；3. 两者的教育内容与重点都相同。教育内容都包括思想教育、政治教育、道德教育，重点是政治教育；4. 两者的教育途径与方式都相同。思想政治理论课是其主渠道，校园文化建设、社团活动、党团活动、社会实践等是重要的途径与方式；5. 两者的教育机构和人员完全一致。专职从事德育的机构，如思想政治理论课教学部、学生工作处、共青团组织，也可以称之为大学生思想政治教育机构。专职从事德育的人员，也可以称之为大学生思想政治教育工作者。

（二）高校德育思维方式的内涵

在长期实践活动中，人类按照需要改造客观事物，使客观事物发生预期变化，这个变化反映到人类思维中，逐渐形成一种固定下来的"逻辑的式"，进而积淀为思维方式。

教育思维是漫长历史过程中形成的人类教育经验的凝结……当教育的经验以思想的形式外在地存在时，教育思想就出现了，教育思维也随之逐渐形成。对人类德育实践经验的凝结就形成德育思想，零散的德育思想，还不具有德育思维的意义。只有当零散的德育思想变成具有一定结构性的系统思想时，这种固定的结构才能成为德育思想的"逻辑的式"，德育思维方式才得以确立。也就是说，经过亿万次的德育实践，在德育工作者的意识中以"逻辑的式"固定下来的必然要思考的问题结构。这个问题结构包括两类：一类是与知有关的问题，需要寻求答案，加以解答；另一类是与行有关的问题，需要寻求方案，加以解决。探索与之有关的问题，形成种种德育观，使教育者更加深入地认识德育，满足教育者对德育的认识需要。探索与行有关的问题，形成种种德育操作模式，使教育者更好地改进德育实践，满足教育者对德育的实践需要。德育实践总是在一定的德育观念支配下进行的，两者是内在统一的。

教育思维就是教育思想的逻辑的格，就是教育观和教育操作模式的统一。教育观的背后是教育（应该）是什么的问题，教育操作思路的背后是教育（应该）怎么做的问题，这两个问题具有内在的联系。这就是教育思想的逻辑的格，就是教育思维。虽然是教育思维而不是教育思维方式一词，但是，教育思维的解释实际上就是教育思维方式的解释，因为，它是一种逻辑的格。根据以上教育思维的界定，我们总结为：德育思维方式就是以"逻辑的式"固定在教育者头脑中的德育观和德育操作模式。德育观是对德育的总和的根本看法，是一个关于德育的观念系统，包括德育目的、德育内容、德育方式，以及教育者与受教育者之间关系的观念。德育操作模式是面向德育实践的理论构思，即德育实践的方法论。德育操作模式不是面向具体德育活动的方法或方案，而是面向某种层面的德育实践整体的方法论，为德育实践的发展指明方向和路线。德育观是对德育（应该）是什么的理论回答，德育操作模式是对德育（应该）做什么和（应该）怎么做的理论构思。德育观与德育操作模式具有内在的统一性，一方面，德育操作模式以一定的德育观为逻辑前提；另一方面，德育观中蕴含着对德育操作模式的初步认识。

综上所述，高校德育思维方式就是以"逻辑的式"固定在教育者头脑中的高校德育观和高校德育操作模式的统一。

二、高校德育思维方式与高校德育实施方式的关系

高校德育思维方式与高校德育实施方式是辩证统一的关系。

高校德育思维方式决定高校德育实施方式。有什么样的高校德育思维方式就有什么样的高校德育实施方式与之相对应。在简单性思维方式指导下的高校德育方式表现为：它是一种封闭的方式，不能与社会环境保持同步发展。它是一种各自为政的方式，高校德育系统内部各子系统之间各自为政，难以实现育人的耦合效应。它是一种割裂的方式，高校德育系统各要素之间结构不合理，没有实现优化组合。

高校德育方式巩固和强化与之相应的高校德育思维方式。封闭的、各自为政的、割裂的高校德育方式巩固和强化着高校德育的简单性思维方式。只有一点一滴地改变高校德育方式，才能逐步改变高校德育思维方式。高校德育通过采用开放的教育方式，在适应社会

环境中优化社会环境，使高校德育与社会环境协同发展，教育者才能逐渐形成开放性思维方式。高校德育通过形成全员育人的机制，使高校德育各子系统之间协调互补，实现育人的耦合效应，教育者才能逐渐形成整体性思维方式。高校德育通过整合教育内容、聚集教育主体，使德育各要素优化组合，实现社会目标与个体目标的共生，教育者才能逐渐形成非线性思维。

高校德育工作者的思维方式只有完成从线性到非线性、从封闭性到开放性、从还原性到整体性、从平面性到立体性、从片面性到辩证性的转换，才能使高校德育适应复杂多变的环境，满足大学生全面发展的需求。

第三章 高校德育理念的创新

第一节 协同理论视角下高校德育创新

一、协同理论和公民教育概念

（一）协同理论

协同理论是一个适合自然科学与社会科学的观念，探究开放体系和外部世界有物质或者能量的交换作为前提，怎样运用内部因素来相互作用，并且与自己素质互相结合，进一步展现时间、空间以及功能上的稳定有序结构，获得全新的整体放大效应。

协同理论主要认为自然世界是由很多子系统构成的一个纷繁复杂的真人共同系统。协同理论的主要思想是协同造成有序，就是外部世界力量对体系中的各种因素的影响达到一定程度的时候，很多子系统在互相作用，体系中每个要素之间会出现耦合的状态，让体系从无序状态变为稳定有序状态。协同理论将看似毫不相关的子系统出现的共同情况抽象出来，展示其类似性，比较由无序到有序的情况，探究所发生的规律，构建一种用统一观点去处理复杂系统的理念和方法，包含多种科目相互融合和相通的原理。

（二）公民教育

公民教育是目前我国现代化面向社会公民所进行的适合与生活的普遍教育，主要是培养符合现阶段社会与国家需求的合格公民，是高校教育的主要组成部分。高校公民教育主要是培养学生的公民意识、行为、责任以及义务和公民的国家认可感。完成培养合格公民的任务，应该根据公民教育和高校德育结合研究，建立完整的教学系统，进行多要素、多层次和多环节的有效结合，建立公民教育共同体，做成更为强大的教育合力。

二、高校德育和公民教育在协同理论视角下的共性和个性

学校德育是运用各种方法对学生进行思想政治教育，让学生养成道德自觉的教育活动。在协同理论指导下，高校德育和公民教育有共同性质，但是也有一定区别。

（一）学校德育和公民教育的共同之处

第一，教育对象相同。大学生是高校德育与公民德育的教育的对象，是我国以后的希望与栋梁。这两者主要是以人为主体，运用人的感知与认识让教育产生效果，然后主要强调培养全面发展的人才，将现阶段人才的培养当作教育的起点和终点。

第二，教育目标的统一。在协同理论背景下，学校德育主要运用思想教育、政治教育、道德教育以及法纪教育等帮助学生形成正确的世界观、人生观以及价值观等，使其成为能够为祖国发展贡献力量的栋梁之材，这一点和公民教育培养合格公民这个具体目标不谋而合。把公民教育与高校德育进行有机结合，让德育的目标更好地实现，让学校德育有效地实施，还会让学生变成合格的现代公民。

第三，公民教育的进行能让德育完成创新。党的十九大报告提出三个"新"，就是新时代、新时代中国特色社会主义思想与全国建设社会主义现代化国家新征程。其中创新与教育是新征程的主要组成部分。学校德育的创新不是简单的研究方法的创新，将全面了解高校公民的特征与实际作为基础，紧紧围绕新时代条件与实践的要求，通过协同创新理念，探究学校的教育观念、内容、方法以及课程建设。运用一些组织结构形式，在学校德育实施中始终贯彻党的方针政策，探究公民教育运行制度，让学生逐渐接受公民教育，养成准确的公民意识，养成更好的公民行为与公民能力，从而变成德智体美劳全方位发展的社会主义建设者与接班人。

（二）学校德育和公民教育的个性

第一，理论基础不同。高校德育属于社会意识形态，主要以马克思列宁主义、毛泽东思想、邓小平理论、"三个代表"重要思想以及科学发展观、新时代中国特色社会主义思想为指导，将培养有理想、有道德、有文化、有纪律的四有新人作为目标。

公民教育主要和现代化国家相伴而生，目前我国最根本的关系是公民和国家之间的关系。习近平总书记提出，应该稳固树立国家意识、公民意识、中国民族共同体意识，让每个民族、每个公民能够积极为实现中华民族伟大复兴而努力奋斗。我们的国家是以民族为

基础单位确立的，为了确保国家和民族的利益不受侵犯，增强个体对公民、对国家和社会的归属感与责任，彰显对国家的认可、保护与忠诚，这是目前公民教育的基本价值取向，也是我国公民教育的理论基础。

第二，处理的问题不同。高校德育是指经过全面而系统的教育，帮助学生形成正确的三观。公民教育的价值观念可以更好地概括为以公民的理念为中心和目标，培养其所包含的成员，使其具有自主的公民权利，能够更好地实行公民义务的品格和能力。

第三，教育的侧重点不同。我国的教育更侧重于每个人完善自身的人格，将个体功能作为主体。高等教育人员应该根据高等教育的要求，并且有目的、有计划和有组织地对学生进行理想信念的教育，民族精神、思想品质教育和三观的教育，达成更高的理论素质、崇高的思想境界与高尚的道德情操。

三、协同理论视角下高校德育创新途径

创新德育方法已成为新形势下高校德育工作的重要内容，但德育方法的创新不是一蹴而就的，也不是一劳永逸的，而是一个"认识—实践—再认识—再实践"的无限循环发展的过程。在这一发展过程，关键是要实现以下四个转变，以不断引领和促进德育方法创新。

（一）建立德育民主性，使德育方法由单向灌输向平等交流转变

人是教育的中心，同时也是教育的目的，一切教育都应该以"人"为本，这是现代教育的基本价值。高校教学活动的主体是学生，德育的主体也应该是学生，因而必须以"学生"为本。但是长期以来，我们忽视了学生的主体地位，把他们简单地当成教育对象，"灌输"现成结论与传授道德知识，只注重对他们进行观念的说教、规范的灌输、行为的约束，施加的往往是口号式的、令人可望而不可即的教育条目，整个德育过程忽略了学生的主观能动性，忽略了人与人之间的情感交流，把人视为填充各种美德与高尚品格的袋子。这样的一种道德教育其实效性必然大打折扣。因而，在德育工作中，教师不应再是以道德教育的权威者的身份出现，而应是一位顾问，一位帮助学生发现问题的引导者，一位讨论问题的参与者。让学生真正认识到自己是个人道德生活的主体，并以一种积极进取、自觉成长的生活观，与教师互相探讨、共同思考，学会道德判断和道德选择。

（二）实施德育个性化，使德育方法由模式教育向个性张扬转变

德育个性化旨在培养个性充分发展的、人格健全独立的、会做人、会做事、懂生活、

精工作的社会公民。实施德育个性化要求教师在德育过程中尊重学生主体个性，注重个性化人格的培养，帮助学生发展优良的个性品质，抑制和克服不良的个性和特点，使学生得到和谐健康发展。反思以往学校德育针对性、实效性差的一个主要原因就在于我们的德育以培育"听话的好学生""模式化的人"为目标，忽视学生的个性发展，忽视人的千姿百态的差异，忽视良好的个性心理品质的培养。这种模式教育把学生定位于自觉的、机械的"听话人"，既无视学生的兴趣、爱好，与现实生活脱离，又禁锢了学生的思想，窒息了学生的自主性和创造性。因此，创新德育方法，要求我们要学会尊重学生的人格和意愿，给学生一个选择的余地，在常规教育的同时，引导学生对学习内容、学习方法进行选择，对冲突的价值取向做出自己正确的判断，保护学生个性发展的权利。

（三）培养德育自觉性，使德育方法由他律向自律转变

大学生良好人格和道德习惯的养成，既有赖于严格的要求和纪律约束，更有赖于学生自身对道德理想的追求和坚持不懈的自律慎独。培养德育自觉性就是使学生形成自觉树立道德目标，主动提高道德能力的主体意识，使学生的道德素质得到全面和谐、充分自由的发展。就目前我国学校德育而言，由于施教者要完成规定教学任务以及受传统教育观念的束缚，在方法上，惯用的是说服教育、批评指正、品德评价等，这些教育方法多少都带有强制意味。这些强制性的"灌输"容易引起学生的反感，产生抵触心理，导致德育他律功能的弱化和消解。"道德的基础是人类精神的自律"，走出德育他律困境的出路是德育自律。德育自觉性就是要改变德育他律的强制性、约束性为德育自律的内控性、自主性，突出理性说服，关注爱的施予，重视隐性课程的教育，实现他律向自律的过渡。

（四）落实德育实践性，使德育方法由封闭式向开放式转变

道德品质的形成动力来源于新的道德需要，新的道德需要产生于具体的生活实践，脱离了生活实践，学生的道德需要就会枯竭。在长期的计划经济模式的影响下，学校德育工作一直处于自我封闭的状态。学校的德育工作，总是把学生束缚在校园里，禁锢在课堂上和书本中，让学生不加思考地接受既定的政治思想和价值观念。这种德育方法脱离了丰富的社会生活实际，不给学生创造自己认识社会、自己判断思考的机会。这种闭锁性的德育方法不利于学生形成科学的世界观、人生观、价值观。因此，在改革开放与社会主义市场经济的新形势下，德育观念必须更新，德育方法必须改革。学校应从现实出发，把学生从课堂上书本中解放出来，让学生走出"世外桃源"，自己去观察社会，去思考现实问题。

让学生在开放的德育过程中真正产生免疫力，掌握辨别真善美与假恶丑的本领，最终确立科学的世界观和人生观。

总而言之，德育是教育的重要组成部分，不管在任何历史时期，在任何地方德育都发挥着重要的作用。抓好学校德育工作，是教育工作者义不容辞的责任，是培养社会主义新人的需要。让我们共同携手，把学校的德育工作落到实处，让德育工作发挥更大的作用。

四、高校德育内容创新

现代德育包括政治教育、思想教育、道德教育、法纪教育和心理教育等内容。内容的创新主要体现为思想政治教育与人才成长教育的统一，思想政治教育与人文精神培育的统一，思想政治教育与学生个性发展的统一，主旋律教育与审美观教育的统一。处于心智发展高峰期的大学生兴趣广泛，精力旺盛，充满了对知识和信息的渴求，但凭借他们自身的理论水平和分析能力无法对获得的各种各样的知识和信息进行有效的梳理和整合，因而需要教师的帮助和指导。这就要求高校德育要与时俱进，要注重教育内容的科学性与伦理性、政治性与历史性、民族性与世界性的有机结合，培养学生的诚信意识、效率意识、合作意识、竞争意识和创新意识等，从而帮助学生树立正确的道德观、人生观、价值观和世界观。

（一）德育内容与建设社会主义核心价值体系相适应

社会主义核心价值体系作为意识形态的精神产品，对于提高人们的思想水平、精神境界、道德情操以及人格的完善和主体性的提升都有着重大的促进意义。

1. 引导学生树立正确的世界观和方法论

当代大学生是伴随改革开放成长起来的，他们切身感受到中国特色社会主义理论体系在实践中的巨大指导作用，因而学起来有着一定的实践和感受基础，是学好用好的有利因素。其中特别强调开展中国特色社会主义理论体系的立场、观点和方法教育。中国特色社会主义理论体系充满了唯物论和辩证法，是大学生树立正确的立场、观点和方法的有力思想武器。当代大学生认知方式偏重直观化。直观式认知方式是认识主体在认识客观世界过程中的一种非理性因素的作用，这种非理性的认识很可能导致认识主体对事物的片面认识，陷入盲目性。另外，当代大学生个体意识也日益强烈，他们在认知、意志、情感等方面更注重自己意识的独立性，不人云亦云，随波逐流，然而个体意识的负强化会带来对事物分析判断以及实践中的偏执。大学生的思想特点充分印证了必须加强对大学生的马克思主义立场、观点、方法教育，以提高他们分析问题和解决问题的能力。

2. 培养学生的民族精神和时代精神

以爱国主义为核心的民族精神和以改革创新为核心的时代精神，是社会主义核心价值体系的精髓，也是我们开展思想政治教育的重要内容。对民族精神的教育要系统而不是零散地、全面而不是片面地、连续而不是间断地开展鲜活、生动、深刻的教育，使大学生从中汲取营养，培养民族自豪感和自信心。同时，培养大学生以改革创新为核心的时代精神，不断培养创新的优秀品格。创新不仅是一种思维和能力的表征，同时也蕴含了世界观、方法论和思想品德。将创新纳入德育内容体系本身就是一个创新，鼓励大学生在坚定中国特色社会主义理想信念的基础上，主动学习、处理和运用新知识、新信息，尤其是要瞄准那些富于时代特征、代表历史发展趋势、具有强大生命力的事物，努力使思想与时代发展同步，从而在不断创新过程中历练大学生的时代精神。

3. 教育学生树立以社会主义荣辱观为主要内容的社会主义道德观

社会主义荣辱观是社会主义核心价值体系的道德基础。社会主义荣辱观作为社会主义核心价值体系的重要组成部分，体现了社会主义的价值导向，同时也规定了社会道德行为的价值标准与评价尺度。高校要切实把社会主义荣辱观教育作为学生思想道德建设的重要内容。这里要培养大学生两种意识：一是培养道德责任意识。道德责任体现社会性和个体性两个层面。道德责任的社会性即是道德主体的道德品行要对整个社会负责，以自身高尚的德行换得他人的快乐和社会的和谐；道德责任的个体性即是道德主体个人对自身负责，这是完善人性、提升人格、追求幸福的需要。二是培养道德自律意识。道德自律的特征是道德主体将外在约束转换成主体自身的意志约束，使主体为自己立法，自觉践行社会的道德要求。三是培养道德践行意识。社会主义荣辱观本身是一种道德价值形态，它是人们以荣辱评价的方式进行社会调节的规范手段和人自我完善的一种实践精神。为培养这三种意识，教育教学活动要针对学生的思想特点，注重内容与形式的统一、理论与实践的统一，有效发挥课堂教学的主阵地、主渠道作用，引导大学生在实践中身体力行，将荣辱观的道理外化为高尚的行为，并养成一种良好的行为习惯，做到他律向自律的转化。

(二) 德育内容创新应与德育工作的实际相适应

随着社会的发展，经济和社会的变革，高校德育的内容必须随着时代的发展而不断地推陈出新。首先，高校德育的内容要增加科技知识含量。在知识经济时代，现代科学技术知识的普及和应用可以与德育相辅相成，有效地增强德育的现代化与科学化，帮助学生远离各种愚昧，树立辩证唯物主义世界观。其次，高校德育的内容也要解放思想，实事求是。对于外来文化与道德，要敢于取其精华，去其糟粕，为我所用。同时，对于我国传统的道德与文化，也要敢于推陈出新，不断进行完善和补充。高校德育内容只有与时俱进，体现时代特征，才能收到理想的效果。最后，高校德育内容要从大学生的思想实际出发，避免空泛的道德说教，应针对现代学生的思想特征、情感和行为特征，紧密联系国际环境和国内改革开放的实际，讲实话，讲心里话，既以理服人，又以情感人。

1. 重视文化素质教育

文化不仅是社会伦理的构成要素和支撑杠杆，而且也是社会道德的构成要素和支撑杠杆。高层次的道德感和社会责任感主要依靠文化的积淀。文化是一种精神富有，是一种从内心深处流淌的思想，是人必不可少的基本素质。没有坚实的文化积累、开阔的文化视野、深厚的文化素养，即使足够聪明，也不是大智慧，也成不了大器。道德需要文化的滋养，教育需要文化的烘托。因此，要按照全面推进素质教育要求，确立文化素质的基础地位，将文化素质教育思想落实到人才培养的全过程，促进科学教育与人文教育的融合，使大学生获得整体全面的发展。

2. 重视创新精神教育

高校是培养高素质人才的摇篮，也是知识创新的重要基地。重视和培养大学生的创新精神和创新能力，开展创新活动，对全面推进素质教育和科教兴国战略，具有重要的现实意义和深远的历史意义。首先，创新教育是贯彻党的教育方针，培养高科技人才的需要。高校要把培养大学生的创新意识、创新精神和创新能力作为自己重要的工作目标，为培养创新人才提供更为宽松的成长环境。其次，创新教育是迎接知识经济和新科技革命的需要。发展知识经济，推动新科技革命的迅速发展，就必须依靠科技创新，依靠创新人才，这一时代任务必然落在创新教育的肩上。知识经济呼唤创新教育，已成为世界各国发展经济的战略共识。最后，实施创新教育是全面推进素质教育的重要突破口。通过创新教育活动，发展和培养学生的创造性思维能力、科学能力、实践能力以及自主学习的品质、创新开拓的意识等素质，是促使应试教育向素质教育转轨的重要举措。

3. 重视竞争意识教育

在社会主义市场经济条件下，竞争已渗透到社会生活的各个领域，高校的大学生们也面临各种竞争问题，如何以正确的竞争意识参与到激烈的竞争中，实现竞争对社会有利的一面，同时规避竞争带来的不利方面，维持整个校园乃至社会的和谐和进步是一个不容忽视的问题。因此，大学生要正确认识竞争、树立正确的竞争意识。当代大学生应该在学习生活中彻底摒弃"安于现状、抱残守缺、与世无争、不思进取"的消极无为旧观念，树立积极进取、永不自满、敢为人先、勇于竞争的积极有为新观念，努力克服自卑心理，在竞争面前不要恐惧逃避，要勇敢地参与其中，在竞争中展现自己的能力、进一步发掘自身的潜力。首先，大学生在参与竞争之前，对自己的能力和弱点要进行全盘扫描、充分认识，在此基础上对自己有一个合理的定位，确定符合自身实际情况的竞争目标。其次，要在各种竞争面前抱着积极的心态。大学生在校期间，有很多参与竞争的机会，各种演讲比赛、辩论赛、运动会、知识竞赛、创业大赛等都在全国高校如火如荼地开展，给当代大学生提供了很多参与竞争、展示才华的好机会，在校大学生应当珍惜这些机会，积极参与其中，享受竞争的过程，总结成功失败的经验教训，逐渐提高自己的心理承受能力，从而使自己在今后的学习生活中心态更加成熟稳定，行为更加理性。

4. 重视心理健康教育

社会发展，竞争加剧，大学生心理问题日益突出。心理健康教育应侧重于学生的客观的自我评价、良好的情绪调控能力、坚强的意志品质、积极进取的人生态度、健全的人格特征、和谐相处的交往能力以及较好的心理调适能力和社会适应能力。要根据大学生身心发展特点和教育规律，注重培养学生的自尊、自爱、自律、自强的优良品格，增强克服困难、经受考验、承受挫折的能力。要制订心理健康教育计划，确定教育内容方法，建立健全专门机构，积极开展心理健康教育和心理咨询辅导，引导大学生健康成长。

第二节　高校德育理念的历史反思与现实审视

传统高校德育理念到现代高校德育理念的发展具有一个观念与实践上的惯性。传统德育理念是现代德育理念的前提与基础，现代德育理念融合于传统德育理念之中。当下的高校德育面临许多困扰，而当高校德育面临种种问题的时候，恰恰是对其理念进行理性反思的时刻。经过深层反思，我们不难发现，高校德育及其理念中存在的诸多矛盾与问题，很大程度上是受到了现代德育理念的直接影响，但更大程度上则来自对传统德育理念的否定与超越。因此，要为高校德育发展创新一条出路，要对高校德育理念进行新的建构，就必然要具有一种纵向的时间关注维度与问题意识，需要进行一种空间上的探讨与一种历时性的感悟。历史是一面镜子，通过对高校传统德育理念进行历史反思，可以使我们厘清当下高校德育理念的诸多困惑，更深入地理解高校德育理念的发展轨迹、兴衰得失与现实问题，更准确地预测和把握其未来发展趋势，从而更有力地推进高校德育理念的整合、创新与超越。高校德育理念的现实审视与创新建构离不开"历史"这面反思的镜子。

一、高校德育理念的历史反思

传统高校德育理念是指过去的、历史上曾出现过，并依然在现实中发挥一定作用的高校德育理念。任何现代德育理念都离不开传统德育理念这个基础，都需要传统德育理念的精神支撑，现代德育理念的创新发展正是对传统德育理念的继承、整合、创新与超越。但传统德育理念中也不尽是精华，它还存在很多糟粕，具有诸多弊病，造成了传统德育理念的"人学空场"。传统高校德育理念的弊病不仅造成了高校德育一定程度上的低效，更对现代高校德育理念具有深层次的负面效应。

（一）知性德育理念的弊端

高校德育要培养掌握先进文化知识的人。但在实际工作中我们有些人却将德育片面归于对一种知识的掌握。人们之所以不能行善，是因为人们对善的无知，只要人们掌握了美德的知识，就能够按照美德的要求成为一个有道德的人。德育就是要使人先被抽象为一种知识，然后去伪存真，找出最科学，最终极的知识。这实质是用一种抽象化的方式对人的德育实践加以理解。

人的本质不是单个人所固有的抽象物，在其现实性上，它是一切社会关系的总和。人们自己创造自己的历史，但是他们并不是随心所欲地创造，并不是在他们自己选定的条件下创造，而是在直接碰到的、既定的、从过去承继下来的条件下创造。人是社会现实之人，不能把人陷入抽象概念的困境之中，应使其跳出知识论扩张下的迷途与困局。而知性德育理念却使人的概念变成现实生活中诸多具体个人的一种抽象，扼杀了高校德育本身应有的生命力与感召力，成了一种与大学生现实生活脱钩的缺乏针对性的象牙塔里的玄谈空论，造成了大学生的身心浮躁与疲惫，造成了对知性德育的偏执与生活德育的淡忘，造成了德育工作的错位，使高校德育陷入了一种自相矛盾的僵局。第一，知性德育理念是一种对象化与割裂化的德育理念。它遵循知识与认知的逻辑，夸大知识在高校大学生培养中的作用，过分凸显学生的"书本世界"，片面注重书本纯粹知识与技能的教与学，单纯重视对学生脱离生活的推理说教，轻视、疏远与放弃了大学生丰富的生活世界，没有处理好书本知识与生活意蕴之间的合理张力；它将人与现实生活世界相隔离，淡化高校德育科学发展的奠基性平台，使高校德育走向异化，成了一种被束之高阁的象牙塔里的抽象思辨，遗忘了知识家园的生活价值与最终归宿。第二，知性德育理念只沉迷于学生个体的理性判断与选择之维。它关注的只是学生个体道德理性与政治分析能力的张扬，漠视与冷落了对学生的道德情感、动机等非理性因素的培养，否认了学生的主体位置，忽视了学生的文化积淀，使学生沦为被动接受道德教义、缺乏丰富多彩性的理性工具，阻碍了学生自我建构能力的培养，对学生的分数过分关注，也造成了学生对分数的过分倚重与"超级崇拜"，而忽视了人格的培养，产生了一种大学生有德育知识无德育文化的悖论。第三，知性德育理念没有处理好知识评估与行为践履之间的关系。它缺乏对知行命题内在复杂性与紧张性的理性思索，片面强调德性中知的一面，忽视了行的环节，在实践中往往使道德变成了在课堂上谈论的东西，而不是需要身体力行的东西，忽视了高校德育创新与发展的社会场景与微观心理活动，使大学生日益变得知行脱节与言行不一，造成高校德育在知与行高度紧张中的僵化、片面甚至畸形发展。

（二）物本德育理念的弊端

物本德育理念，是指在德育中存在的一种片面强调德育的社会外在价值，而忽视德育育人的内在关怀，轻视乃至淡忘德育长期效益，仅要求德育出现即时与显性效果的一种具有急功近利倾向的德育理念。物本德育理念下的高校德育为市场经济所主宰与异化，忽略了人的价值与意义，出现了主体性的偏差。师生平等关系发生了质的变化，教师成了兜售知识的商贩，大学生仅仅是高校德育用来统一模塑的材料，从而使高校德育无法张扬自己的教育主张，丧失了自身的超越品格。这种德育理念忽视学生的主体性与情境性，仅把学生看成对外部刺激做出被动反应的动物，漠视和压制大学生自身发展的内在需求，忽视德育自身的人文关怀，仅对大学生进行扭曲与功利性的关心。从而使大学生的眼光仅限于眼前，仅限于对物质富足的追逐，而失去对人生意义和价值的追求，并认为人生终极意义与目标的诉求只是一个"无聊"的问题。由于过分强调结果的实效性，把德育对象培养成的只是失去自身丰富性的、纯粹的经济动物。在这种情况下，现金支付成为人与人之间联系的唯一纽带。对物的依赖把刚从对人的依赖关系中解放出来的人变成了物的奴隶，形成了物化的社会。从而使得高校中的大学生被一种外在的、异己的力量所控制，深受着金钱的奴役，深受自由的困惑、人格分裂的折磨，饱受生存意义的苦恼与精神疾患的摧残，最终带来的只有德育地位的下降、德育效度的缺损与德育信度的丧失，造成了高校德育中严重的"人的缺位"。

（三）单向灌输理念的弊端

将学生视为物，必然导致教育者的独语，即形成一种片面的单向灌输理念，对学生进行片面的单向灌输。这种灌输的主要特征是把教育对象当作可被别人占有的东西，作为国家驯服工具来培养，作为美德之袋进行德育注入；实施居高临下的单向影响，师生之间是权威与服从的关系。

教育的过程是一个引出人来的过程，教育就是使自在的存在通过培养成为自为的存在。单向灌输德育理念是建立在师生关系不平等和工具化的基础上的。这种德育理念带来的只能是大学生主体地位的缺失，只能是大学生作为自在的人的延续。在实际工作中，这种德育理念忽视了大学生的生活世界，忽视了大学生的变动性、未完成性、创造性、自由个性与作为意志主体的自我独立性，忽视了大学生的道德情感的激发与培养。这种德育理念下的教师往往以一种居高临下的"权威者"的姿态出现，对学生进行一种统一规划与自上而下的"填鸭式"的教育。单向灌输理念下的高校德育是一个单向灌输、机械决定的过程，这一过程中的大学生没有思考，没有反省，没有批判，没有超越，唯一能做的就是毫无尊严地被动接受。尤其是随着现代科技主义与工具理性的发展，教师与学生之间的关系更是出现了严重的失衡，师生之间的交往变成了单纯的抽象的知识信息与经验的单向灌输、传授，否认了大学生的主体性、完整性、能动性与选择性，严重压制了大学生自主创新意识的发展，造成了学生作为"人"的情感的缺失。学生所具有的只是一种依附性的人格，只能木讷接受、毫无自由，只能进行表而应付，只能成为一种毫无创造性的被动的"利他"的工具。这导致了学生本性的淹没与本真价值的失落。

二、高校德育理念的现实困境

改革开放以来，我国高校德育迎来了很多发展机遇，同时也面临着前所未有的挑战。我国高校德育通过在回应挑战中的艰辛探索，取得了积极的进展，从而增强了社会和时代适应性，对培养中国特色社会主义建设者和接班人发挥了重要的作用。但由于高校德育具有一个"大气候"与"小气候"的关系问题，加之传统思维的惯性、时代变迁的特殊性及西方不良思潮的影响，陷入了诸多的矛盾困扰与现实困境，直接影响了高校德育的育人铸魂工程建构。高校德育正面临着社会转型中的不同道德体系的激烈挤压、碰撞与交融，面临着一个艰苦的磨合过程，高校德育及其理念的创新与发展承载着巨大压力，高校德育中人的健康发展、和谐发展、全面发展受到了一系列的困扰。

（一）高校德育崇高性与市场经济工具性之间的矛盾

改革开放以来，市场经济的确立与快速发展，使人逐步从自然经济的宰制中得以解脱。市场经济的竞争及对效益的追求，铸就了人们不甘落后、积极进取的效率意识和务实精神，市场经济的逐步完善为人的主体性及自由全面发展带来了良好的契机。而市场经济的各种缺陷也给人的发展带来了一些不利的影响。高校德育是一项塑造人的灵魂的神圣而崇高的工作，它的本质在于"铸魂"，它是高校教育工作的坚强支柱，在高等教育中具有不可替代的特殊地位与作用。然而，在市场经济的强力冲击下，高校德育也被加以市场化、工具化、短视化。工具理性的过分张扬，使高校德育的价值理性受到压抑，高校德育的崇高性受到了工具性的挤压，高校德育的价值与作用受到了怀疑，甚至被颠覆。

市场经济的趋利性，助长了拜金主义、个人主义、利己主义和享乐主义等价值观的蔓延甚至泛滥；市场经济对知识在学习中所占核心地位的突出，使德育的作用与意义遭遇了前所未有的挑战；市场经济对自我价值的高度崇尚与诉求，使传统的集体主义道德观念受到冲击，国家、民族及全局观念变得淡薄，奉献精神遭到了否认甚至讽刺；市场经济带来的人的伦理精神的失落、个人主义的横行、金钱支配一切及人的经济动物的异化，使高校德育中弘扬的集体主义以及社会良知遭遇了最大的嘲弄；市场经济对眼前利益与发展机会的空前关注，使高校德育倡导的个人对崇高理想与长远目标的追求消解；市场经济体制多元价值的影响与个人本位的片面追求，使高校德育价值取向中的各种消极因素不断增加；市场经济对人及人的生活方式的物化，使人自身发展的全面丰富性遭到空前压抑，出现了人与自身的不和谐，心灵遭受创伤，人正被片面的物质享受与可怕的精神贫困所撕裂，被异化为只考虑自身利益的一种单面的状态。于是部分大学生出现了不同程度的心理失衡，是非善恶不分，理想、信念缺失，人文精神匮乏，精神家园迷失、人际关系功利化。

（二）高校德育公利性与家庭德育功利性之间的矛盾

我国是一个有着悠久历史文化传统的国家，传统对现代社会有着深远的影响，作为社会细胞的家庭自然也不例外。中国伦理重视私德而轻视对公德的培养，亦即重家庭伦理而轻社会伦理和国家伦理。因此，长期以来中国家庭伦理奉行的是一种功利化的理念。整体主义是中国传统社会中个人的基本价值取向，而家族主义则是整体主义的主要表现。自古以来，在中国，家庭对个人有着至关重要的意义。个人依附于家庭，家庭是个人生命的载体，而个人也必须维护家族利益，以家庭和谐为目的。个人生下来就要为家庭而奋斗，

"修身，齐家，治国，平天下"是人成长的座右铭，出人头地、金榜题名、光宗耀祖就是人生在世的主要目的。

家庭是子女心灵的港湾，而父母是孩子的第一任导师，个体的早期社会化是在家庭中父母的引导下完成的。在中国家庭中，子女是父母的全部，是家庭的中心，子女的个人功利成就是父母的终极价值追求。因此，中国的家庭德育实质上是一种功利性教育，是一种以子女为中心的个人本位的德育。父母在家庭中对子女个人物质、精神资源的满足，实质上是对子女利己需求的满足，具有个人化与私人化的特点。同样，在家庭德育中父母对子女也寄予非常功利化的期盼，"望子成龙""望女成凤"即是现实生活鲜明的写照。许多父母注重子女对家庭的责任，将子女的成长成才与家族荣辱连在一起。由于功利心的驱使，许多父母只注重子女对知识的学习、能力的造就，而忽视了对子女德性的培养，当子女或家庭的个人私利与社会利益相悖时，往往将子女个人利益置于社会利益之上，忽视甚至牺牲了子女对社会的责任，割裂了个人利益与社会整体利益的内在关联。

而学校教育旨在为现代文明社会培养公民，换言之，它要求一个人会过民主和法制的生活，会在民主和法制的社会条件下过尊重法律、尊重道德和尊重他人的生活，而这种公民的基本素质是需要在学校生活中逐步养成的。因此，满足社会整体利益与价值是高校德育的价值诉求，社会公利是高校德育的基本价值导向和一贯秉行的德育理念，高校德育及德育理念，具有强烈的公利性、公益性和公共性色彩。高校德育在理念上强调的是对学生社会责任的培养，强调的是学生对祖国和人民的奉献精神，强调个人价值与社会价值的有机统一。而这与家庭德育以子女为中心的功利性是矛盾的，家庭德育具有明显的个人化与私人化特点。家庭德育的功利性往往给高校德育公利性的开展带来无形的障碍与损害，消解了高校德育的实际效果。高校德育如何实现对家庭德育及其功利性理念的扬弃与超越，从而增强对大学生的吸引力，提高德育育人的实效性，依然是当代中国一个有待解决的时代性难题。

（三）高校德育价值追求与高校生存发展之间的矛盾

高校德育的价值追求可以说是高校德育的预存立场与指导思想，它同时也是有着明确的价值的德育实践。高校德育价值追求直接影响着高校德育工作的成效与价值，是高校德育的核心问题。它应与时俱进，与社会发展需要相契合，与时代背景相一致，与大学生的身心发展规律、特点相适应。但人类社会的不断进步，信息科技的迅猛发展，市场经济的高速腾飞，对高等教育的发展也提出了更多、更高的要求，高校的生存发展面临着很大的压力。近年来，在商业利益的巨大驱动下，伴随巨大的竞争压力，高校改革进行得如火如荼，而当前高等教育中德育的改革与发展在取得一定成绩的同时，也进入了矛盾的凸显期。高校德育的应然价值追求与高校德育的现实生存发展的矛盾日益突出，高校对自身生存发展的关切，压倒了对高校德育价值的重视，高校德育处于一种尴尬的境地。高校出现了一系列"超常规"的发展，出现了种种短期化的急功近利式的拼杀，已不是纯洁的象牙塔，不再是纯粹的知识圣殿、社会的良心与公器。高校德育也不再是"育人铸魂"的崇高工程，而是沦为了追名逐利的机器。面对浮躁的社会现实，高校德育丧失了自身独立的价值判断，世俗的价值标准影响了高校德育自身的价值追求。

把大学生培养成自由全面发展的人，是高校德育及其理念的根本宗旨、终极价值追求。要使大学生掌握知识、学会做事，更要使大学生学会做人，学会正确处理自己与他人、主体与客体的关系，使大学生成为有志有为、德才兼备之人，最终达成人性完善与自由全面发展的目标。但高校生存发展的压力，使高校无暇顾及或根本就漠视了高校德育的基本价值与终极价值追求，高校德育的发展表现出了明显的工具理性与工具论的倾向。外在的社会需求与大学生内在的人性需求矛盾日益突出，工具理性与价值理性的矛盾更加凸显，受市场经济消极的负面影响，高校发展和人才培养出现了误区。培养出的大学生的质量是衡量高校发展质量高低的根本，而高质量的大学生不仅要有知识、有能力，更要有创新精神与德性。一切为了大学生，一切为了大学生的成长与成才，是德育工作的核心，它要实现德育的社会价值与个体价值的统一。学会做人是大学生立身之本，只有智商没有智慧，只有文化没有修养，只有欲望没有追求，只有知识没有独创的人，不是一个健全完整的人。而高校在生存发展中一味被动迎合社会的需要，以功利性与工具性的价值追求，湮没了对大学生健全人格与完美人性的培养，忽视了大学生全面素质的培养与长期、本质的人的塑造，抹杀了人的个体性与差异性、积极性与创造性，不利于大学生的主体性与自由个性的发展，结果只能有损高校自身的可持续发展。

（四）高校德育目标过高与德育效果甚微之间的矛盾

高校德育目标是高校德育过程的灵魂与主线，它本身具有导向、调控、激励和标尺的功能。高校在设置德育目标时，既要考虑受教育者本人的个人愿望与内在需求，又要考虑社会的整体发展，既要兼顾个体与整体，又要兼顾长远与当下。在德育中既要尊重大学生的情感，不断满足和提高大学生物质、精神、社会等方面的合理需求，又要注意培养大学生高尚的社会情怀与爱国情操，使大学生的个人愿望、个人需要符合社会的需要与发展趋势。即既要使大学生的个人愿望与需求社会化，又要使社会整体利益"个体化"与"具体化"，从而实现大学生个人与社会整体利益的有机结合。

高校德育的目标与大学生的个人发展需求应该是一致的，但现实中二者之间往往存在诸多矛盾，导致高校德育收效甚微。我国高校德育的目标长期存在一种盲目的理想主义倾向，目标往往定得过于纯粹，过于高尚、理想化与统一化。这种高校德育目标过分强调德育的社会服务功能与社会价值取向，忽略了大学生个人需要、个性发展、主动性与创造性。在这种过高的目标下，高校在实施德育的过程中，往往对大学生进行完美主义的品德追求，这与高校德育规律及大学生发展规律出现了严重的背离。高校德育遗忘了作为人的本质的能动性与主动性，呈现出一种肤浅的功利化价值取向。

在我们一直认为高校德育目标过高，在市场经济快速发展、科学技术突飞猛进、金钱至上的今天，德育目标似乎更像是"空中楼阁"，遥不可及的同时，我们却发现高校德育正走向另外一个极端。以前倡导的道德目标体系似乎一夜之间走向了倒塌，大学生最起码的道德底线好像也已丧失。对部分大学生来说，高校德育目标也变成一种实用主义的原则，对己有利则选取，不利则抛弃。

第四章 高校德育机制的创新

第一节 高校德育运行机制创新

随着时代的发展，人类社会进入了 21 世纪。新的世纪有新的环境、新的规则、新的理念、新的发展。在构建和谐社会的大背景下，在建设社会主义现代化强国的过程中，我国高等教育事业也取得了长足的进步。高等院校大规模扩招，高校在校生结构日趋复杂，这对高校德育工作也提出了新的挑战。在国家的高度重视下，在广大德育工作者的辛勤劳动、刻苦钻研下，我国高校德育工作取得了巨大的进步。但是新的时代、新的环境以及不时发生的事件，要求高校德育必须进行创新改革。

一、"三个面向"和高校德育及其运行机制的综合分析

（一）我国高校德育现状

随着市场经济的深入发展和高等教育制度的改革，我国的高校发展步入了快车道。高校的数量和质量都得到了很大的提高，各个高校不断加大对学校基础设施的建设力度以及对优势学科的扶持力度。高校的飞速发展令人欣喜，在广大教育工作者的共同努力下，形势一片大好。但是一个不容忽视的问题摆在人们面前，这就是高校德育工作停滞不前，其对社会主义高校健康发展的保证作用以及对学生全面发展的促进作用未能达到预期的效果。总结一下德育工作存在的问题，主要表现在以下几方面：

1. 高校德育工作目标模糊

德育目标是德育的出发点和归宿，为德育活动指明了发展方向和前进目标，提供了蓝图和依据，指导、调节、控制着德育过程，从而使德育工作者在德育内容的确定、德育的方法和形式的选择与运用、德育效果的检测与评定等方面更具有自觉性和目的性。可见，

德育目标是实施思想、政治、品德教育所期望达到的结果。确立高校德育目标是高校德育的首要问题，它决定着高校德育的内容、方法和形式等，对整个德育过程起着指导、调节、控制的作用。因而，研究和确定高校德育目标，对于发展高校德育理论和指导高校德育实践，增强高校德育的科学性、实效性，具有举足轻重的作用。但是，国家对当代大学生德育目标的规定存在一些问题，主要有以下两点：

第一，高校德育目标未明确提及大学生要全面发展。改革开放以来，经过认真的反思总结，逐渐认识到人的全面发展和改善人民物质文化生活是互为前提和基础的，人越全面发展，社会的物质文化财富就会创造得越多，人民的生活就越能得到改善，而物质文化条件越充分，越能推进人的全面发展。随着我国经济水平的发展和人民生活水平的提高，人的全面发展越来越受到重视，而它的实现就需要提高全民族的整体道德素质，但是在目前制定的高校德育目标中没有明确提到人的全面发展。

第二，高校德育目标没有明确大学生要具备创新能力。当前，我国的教育受传统文化影响，缺乏创新意识，加上"应试教育"的盛行，致使我国高校培养的毕业生缺乏创新意识和实践能力，导致我国在世界综合国力的竞争中不能占据主动。而当前我国高校德育目标中没有明确培养创新精神和创新能力，这与当今世界和中国经济社会的发展极不吻合。

2. 传统德育观念亟须与时俱进

部分高校、教育者的某些传统德育观念尚未改变，只重眼前利益，缺乏对大学生未来发展的关照。"三个面向"是我国教育的战略方针，同时也是高校德育工作的指导思想。在高校德育中贯彻落实"三个面向"的核心所在，就是要按照立足于现实与着眼于未来相结合的原则确定与实施高校德育目标。部分高校对于爱国、爱党、爱集体、守纪律、爱学习等学校当前的德育要求，普遍被班主任教师所重视，但对于学生将来走上社会，特别是知识经济与未来社会对学生的要求却有所忽视。这样就可能导致由于缺乏对大学生德育的相关内容进行与时俱进的更新的意识，使得德育工作者在教学时忽视社会主义核心价值体系的最新理论成果的讲授，或者虽然在时事政治中略微提到但不能深入，使德育在教学内容上不能跟上党的理论发展的需要、不能跟上时代发展的要求。学校德育是发展学生道德认知，陶冶学生道德情感，培养学生的道德、行为、习惯三个相互联系的方面的统一体。而当国际、国内环境发生了变化，社会的道德价值观日趋多样化，每一个人都不得不面对各种各样的利益冲突和道德冲突时，学校德育的重点就需要从传统道德上的传授金科玉律转向培养学生的道德思维能力（道德判断、道德推理、道德抉择能力）以及道德敏感性（对环境及他人情感、利益和需要的敏锐的感受性）方面上来。由此可见，在一个价值多元的社会里，学校以及师者应随着时代的发展不断更新观念，将眼光投向未来，对发展中的德育有一个正确而长远的把握。只有这样，才能使得德育的作用更好地发挥到国家的现代化建设中去。

3. 德育内容滞后

德育内容滞后、不完善、缺乏时代感，是当前一些高校大学生德育工作的通病之一。由于大学德育课程与中学教育重复的内容不少，这样的课程内容很难在学生内心深处产生感悟，引起共鸣。大学生的思维是活跃的，情感是炽热的，眼光是敏锐的，他们对当前的现实矛盾、热点问题和敏感问题，充满好奇，充满热情。而目前高校对当前各种现实问题及相关理论问题探讨很少或干脆避而不谈，这更导致了学生对高校德育力倡的那些道德理念缺乏认同，毫无兴趣，不能把握其精髓，更难以做到普遍接受和自觉内化，这便降低了政治课的教育性和针对性、实用性，违背了开设这些课程的初衷，甚至适得其反。而细看高校德育课程的内容，发现无论是作为必修课的《马克思主义理论课》和《思想品德课》，还是作为选修课的社会学、政治学、世界政治经济和国际关系等，虽然都对培养学生高尚的理想情操和良好的道德品质，引导和帮助学生树立正确的世界观、人生观和价值观起到了积极的作用，但随着社会形势的不断发展，这些系统的德育课程内容明显地表现出滞后性和不完善性。

（二）"三个面向"和高校德育及其运行机制的关系分析

从国内来看，我国正如火如荼地搞社会主义市场经济，进行现代化建设；从世界范围来看，经济全球化越演越烈；从未来发展来看，知识经济将会成为人类社会的主要经济形态，初见端倪的知识经济预示着人类经济社会生活将发生新的巨大变化。在新的历史条件下，如何认识和解决新出现的问题，实现高校德育的创新及发展，培养出"四有"新人兼有"现代人""国际人"和"未来人"的素质，是摆在人们面前的重大课题。虽然"三个面向"战略方针的提出已经过去很多年了，但它是关于教育发展总趋势、总方向的战略思想，今天仍对我国整个教育包括高校德育的创新及发展具有宏观指导意义。

1. 高校德育创新坚持"三个面向"的必要性

新时期高校只有围绕现代化建设来进行，才具有针对性，才能推动新时期德育的创新及发展，才会富有成效。只有彻底放弃以往德育单纯地为阶级斗争服务的思想，只有树立为改革开放和现代化建设服务的新理念，才能使德育在培养适应改革开放和现代化建设需要的优秀人才方面发挥重要的作用，才能使高校人才适应当今经济的发展和世界的变化，跟上时代发展的潮流。

以"面向现代化"为高校德育创新发展的立足点，从改革开放的伟大精神出发，培养德育素质过关的适应现代化建设的合格的接班人，大力倡导他们的自立意识、竞争意识、创新意识等，培育符合现代要求的健全人格；激励他们坚持以经济建设为中心，牢固树立机遇意识和开放意识，立足自身发展，着眼世界潮流，在经济全球化进程中发展壮大自己，实现中华民族的伟大复兴。

2."面向世界"是高校德育创新及发展的必然趋势

由于经济全球化加强，网络文化的发展以及培养国际素质人才的需要，德育出现了"面向世界"的趋势。"面向世界"就是要突破地域和民族的界限，向世界各国学习，吸取人类共同创造的知识财富，教育包括德育，要主动适应新形势，为培养大批能活跃于国际社会的中国优秀人才服务。

二、基于"三个面向"高校德育运行机制的优化创新

以"三个面向"为基础，对高校德育运行机制进行优化创新，是建立在对高校德育工作各构成要素研究基础之上的，是建立在对高校德育运行现状深入分析的基础之上的。高校德育运行机制建设，力求从整体上和运动中来把握高校德育工作的机能和特性，这是解决当前高校德育运行机制中存在问题的重要途径。

（一）基于"三个面向"高校德育运行机制的要素优化

机制构成要素是参与一定活动的相、互发生作用的变量。高校德育运行机制要素的特点、各要素之间的关系和结合方式、规范性的制度章程与运行方式决定了高校德育运行机制的具体特性，这些结合方式把有序性与目的性联系起来，是高校德育运行机制的一种内在表现形式。因此，使构成要素在相互作用过程中保持一种合理的结构与良好的运行状态，是提高机制整体效用的有效途径。否则，就可能造成要素残缺、目标模糊、结构失调、机制紊乱、时序倒置和功能低下，甚至使整个机制分崩离析、运转凝滞。研究高校德育运行机制，必须对构成高校德育运行机制的诸要素进行细致的分析。

第一，以"三个面向"为指导方针，与时俱进，确立科学合理的德育运行目标。就高校德育运行目标而言，高校德育运行机制的运行目标是高校德育运行机制运行所期望达到的成就和结果。它规定着高校德育运行机制系统的内容及其发展方向，是高校德育运行机制的出发点和归宿，制约着整个高校德育运行机制的运行过程。高校德育运行机制有效运

转的一个必要前提就是必须有一个科学的目标。

以"三个面向"为指引，适应社会发展需要，不断创新高校德育运行目标内容。首先，适应经济全球化的要求，把培养大学生的现代化意识、世界意识和未来意识作为高校德育目标内容之一。经济全球化要求大学生要学会放眼世界，要有全球意识，做一个世界人。勇于挖掘和借鉴世界上一切的优秀文化和文明成果为我所用，同时包容时代精神和一切先进的理念。所以，做个全球人应该成为高校德育目标的内容之一。其次，适应信息化社会的要求，把"学会选择"作为高校德育目标的内容之一。大学生是具有一定人文素质的社会特殊群体，他们思维活跃，易于接受新的文化信息和道德观念，在道德教育中具有极强的可塑性。由此，高校的道德目标体系在重新构建时必须高度重视德育过程，注重教育过程中教育"主体"的道德思维训练，坚决摒弃传统的"教会顺从"的道德教育弊端，在社会逐渐走向价值多元化的网络时代教学生"学会选择"。"学会选择"的德育目标是一种新型的道德教育观，它要求大学生在接受教育过程中要学会选择道德取向，以"主体"的形式参与道德教育过程，在选择中既保持自己原有的合理道德观念，又同时确立新的更为合理的道德取向。"学会选择"的道德教育要求高等学校在德育过程中要重视教会学生选择的方式，突出教育的全过程，强调学生的自主选择，这是真正牢固的、充满活力的道德品质形成的关键，也是网络时代对大学生步入社会的一种根本期待和需求。

第二，坚持以学生为本，发挥教育者主导作用，全面提高德育运行主体素质。以学生为本，切实树立学生在德育中的主体地位。现代高校德育的目的并不是要求受教育者简单地认同和接受教育的内容，而是要求受教育者能够在现实生活中创造性地运用相关内容。在"三个面向"的指引下，以受教育者发展为本，着力培养受教育者的创造力、意志力、亲和力、道德判断能力、道德选择能力和独立人格，构筑精神支柱，发掘创造潜能。德育的出发点不是禁锢人、束缚人、约束人，而是"一切为了学生，为了一切学生，为了学生一切"。应坚持一切从受教育者实际情况出发，把尊重人、理解人、关心人、帮助人、提升人作为德育工作的准则。德育工作者应以极大的热情和高度的责任感对待受教育者，从思想上、学习上、工作上、成长与发展等方面全面关心他们，使德育同解决他们的实际问题结合起来，使德育落到实处，收到实效。

第三，全程跟踪德育运行，实时反馈调节，优化德育运行控制。高校德育运行的控制是指从高校德育目的出发给予高校德育运行的限制，它是达成高校德育运行目的不可缺少的保证。依据高校德育运行的规律，要控制出成效，必须着眼于运行的全过程，随时根据反馈的情况，进行相应的调节。首先，在机构和人员设置上，设置以思想动态的调查研究为专职的调研机构和调研人员，确保结构完整、人员齐备，能够及时反馈信息。其次，在反馈系统方面，建立好双向前提下的全方位的反馈系统，确保反馈信息的准确性。这里不仅包括德育系统内部不同级别、不同层次德育机构之间的相互反馈的纵向子系统和同一层次担任不同职能的德育机构之间的相互反馈横向子系统，还要包括德育系统内部和外部德育环境之间的相互反馈系统。在高校德育运行系统中，除了班级、院党团组与团委、学生处以及校党委之间的反馈环节及团委、学生处与学生德育的相关部门教务处、总务处、保卫处等的反馈环节外，还应包括学生家庭、社区、社会、网络和学校之间的反馈环节。这样纵横交错，互通信息，相互配合，取长补短，从而使各职能部门充分发挥各自的特点和优势，形成教育合力。

（二）基于"三个面向"高校德育运行机制创新优化

1. 完善高校德育工作激励机制

针对目前高校德育运行机制存在的问题及高校德育主体多层次、多结构的需要，在基于"三个面向"高校德育运行目标的指引下，综合运用各种激励手段和措施，进一步完善激励机制，激起高校德育运行主体无限的热情，共同把高校德育工作向前推进。

正确把握激励原则，引导建立合理的激励机制。具体地说，就是一要坚持认真贯彻执行党的教育方针、政策的原则。高校德育激励机制的建立必须认真贯彻执行党的教育方针、政策，紧紧围绕学校的中心工作，否则，就不可能充分调动德育运行主体的积极性。二要坚持兼顾国家、集体和个人利益的原则。三者的利益在根本上是一致的，但在具体利益上有时会有一定的矛盾，当国家利益、集体利益和个人利益发生冲突的时候，绝不能只顾一头，应该同时兼顾三方的利益。三要坚持满足德育运行主体正当需要的原则。要激发人的积极性，就必须满足他的需要。而人的需要是多种多样的，对于那些正当的、合理的需要，高校应该尽可能地给予满足。只有坚持上述原则，才能真正起到调动人们积极性的作用。

正确使用激励方法，创新激励机制。能够激励人的因素很多，激励的方法也很多。一般可以从环境和个体两个方面来考虑。从环境因素上讲，要经常制造一些有益的冲突，来引起人们适度的心理紧张，从而产生驱动力，激励人们采取行动。比如可以通过制定工作目标、公开布置任务、规定工作标准、鼓励良性竞争等方式来营造良好的激励环境。从个体因素上讲，在精神上和物质上对德育运行主体进行激励，发挥德育工作的自我激励作用，引导由外部激励进而逐步达到自我激励的境界。努力激发个体的主人翁意识，充分尊重其主人翁地位。如广开言路，鼓励德育运行主体对自己所从事的工作及学校的其他事务多提改进意见和建议；对取得的成绩及时给予肯定和表扬；主动关心他们的学习、生活、工作等，切实为他们排忧解难等。只有因势利导，因人而异，合理使用激励方法，才能充分调动人们的积极性。

2. 优化高校德育工作保障机制

实践证明，过去那种"一支笔，一个本，一张嘴"的工作方式已不适应新的形势发展的需要。开展德育工作要有必要的人力、物力、财力和必要的物质设施，这是德育工作有效开展的前提和保证。

（1）队伍保障

高校德育必须有一支政治强、业务精、作风正的队伍做保证。首先要加强政工队伍的培养，使他们的知识能力、心理素质能全面适应新时代、新形势的要求。同时要按照提高素质、优化结构、相对稳定的要求，选拔一批德才兼备的中青年干部，充实德育工作队伍。培养一批专家化、职业化的专职政工干部。其次要切实关注政工队伍的利益。利益是思想政治工作的起点和归宿。最后是领导开展组织调查，各级领导要经常深入师生，听取情况反映，及时准确地掌握教职工的思想动态，针对本单位突出的、深层次的思想问题和热点问题，理顺情绪，化解矛盾，协调关系，做好引导工作。

（2）资金保障

德育的经费开支必须纳入大学生培养成本的核算体系之中，否则，经费保障就是一句空话，各项工作就达不到预期的工作目的。国家财政拨款预算，必须考虑适当的系数。拨款时必须加上德育经费这一块。针对目前大学规模膨胀，大学生不断扩招的实际情况，中央财政和省级财政拨款应该及时到位，确保正常的德育工作顺利进行。就高校本身来讲，在每年的年度预算中必须加大对德育工作经费的投入，切实保障德育工作必要的资金，用现代化的技术来支持学科建设、教材建设。鼓励教学方法创新，装备政工部门及各种宣传工具的配备；学习室、资料室、图书室、广播室、基层党校、团校、干校等阵地设施建设需要有资金投入，学生社会实践同样需要经费，改进校园网络建设、投资校园文化等也需要经费。可以不一次到位，但必须保证分期、分批，逐步、逐年到位。

3. 改进高校德育工作评估机制

我国高校德育评估历史可以追溯很远，这当中也经历了不少阶段，发展到现阶段已逐步形成重点着眼于在德育过程中不断发现问题，改进问题，帮助高校在原有基础上获得发展，重视激励以及形成性评估的运用，促进高校德育的发展与提高的德育运行评估机制。

但目前我国高校德育运行评估机制在很多方面还存在着不足，制约了评估机制自身的发展，也影响到了高校德育正常健康运行。在分析了相关机制要素的基础上，依据高校德育运行的特点对高校德育运行评估机制进行必要的完善。

充实评估主体，调整评估方式。德育质量由谁来判断是德育评价逻辑起点问题。已有的德育评估活动往往强调专家的作用和权威性，评估一开始首先就是成立专家组。由专家组成评估主体有其自身的优势和客观依据，但专家并非德育活动的直接参与者、德育的直接施教者和当事人，他们并不能替代其他与德育相关者的意见和要求。因此，应积极倡导各种社会力量，不同的利益主体参与德育评估活动，建立一支在高校德育决策机构领导下的，以评估专家为主体，教师、学生及家长为辅的，广泛吸纳社会中介机构、用人单位等各种社会力量参与的多向评估队伍，逐步形成一个"教师自评、同行互评、专家评估、学生评估"相结合的多向动态的评估方式。这样可以使施教者在德育过程中全面了解教学中存在的差距，及时调整；能全面反馈德育内容以及德育实践的运作情况，为教育者和德育机构进行德育决策提供一手资料；有利于提高德育工作者的工作热情和激发受教育者的内在学习动机。

第二节 高校德育动力与德育动力机制创新

在研究德育动力机制之前，必须对德与道德，德育与道德教育、思想教育的概念进行辨析，把动力、动力机制与德育动力机制的内涵进行界定，然后对德育动力机制的动力结构，德育动力系统中可能存在的子系统，各子系统的组成元素，系统的功能与功能结构进行探讨，最后进一步研究德育动力机制的基本结构、基本类型以及运作过程与手段。

一、德育动力机制的动力结构

对系统进行结构分析是系统研究的基础。一个复杂系统是由元素和子系统组成的。系统的结构，是指系统各组成元素和子系统之间关联方式的总和。元素是系统和子系统的组成部分，但具有基元性特征，相对于给定的系统它是不能也无须再分的最小的组成单元，元素不具有系统性，不讨论其结构问题。德育是个极为复杂的系统，对德育动力机制系统进行结构分析，既是研究复杂德育动力系统的前提，也对研究者研究的路向具有决定性作用。

（一）德育动力系统的子系统

划分子系统是结构分析的重要内容。一般而言，可以从不同的视角对子系统进行划分。如德育的主体动力系统结构，可以包括教育主体动力结构、受教育主体动力结构、社会主体动力结构、政治主体动力结构等；德育的组织动力系统结构，可以包括政治组织动力结构、经济组织动力结构、文化组织动力结构和社会组织动力结构等；德育的方法动力系统，包括德育研究的方法论系统和德育实践的方法论系统；德育的技术动力系统，包括德育的各种技术手段的使用。当然，德育动力系统是一个极其复杂的系统，根据研究需要，可以从不同方面把德育动力系统划分为不同的子系统，每个子系统又可分为不同的层次。虽然无论从哪个方面划分子系统，在复杂德育系统内部的联系还是交织一起的，但每一个子系统相对于母系统又具有一定的相对独立性。

德育动力系统依据不同的划分标准，可以划分为不同的动力系统类型，在不同的动力系统类型之中，其思想内涵可能有重叠性或交叉性。然而，德育动力系统是一个完整的整体，为了更加全面地认识德育动力系统，可以依据动力系统的结构性特征划分为内在动力构造要素、外在动力构造要素和整合动力构造要素所形成的动力系统类型。一是内生动力系统，是指德育内在过程的动力构成要素的结构与功能及其发生作用的动力系统。二是外生动力系统，指的是德育的各种外在动力构造要素的结构与功能及其发生作用的动力系统。三是联动动力系统，指的是德育发展各个过程、各个环节实现良性互动的各种有效协调和整合要素的结构与功能及其发生作用的动力系统。

（二）德育动力子系统的组成元素

每个子系统都是由一定的元素组成的。有些子系统有多个元素组成，有些子系统只有一个元素组成。系统是一个整体，但系统之间、各子系统内部组成元素之间不是孤立的，相反，它们是相互联系、相互作用的有机整体。不同系统之间、各子系统内部组成元素之间的相互作用，在何种规则的控制下发生作用，如何作用，有何规律，这是德育动力机制结构演化的关键，也是探讨德育动力机制的基础。内生动力系统、外生动力系统和联动动力系统，都有各自的组成元素。

各子系统在一定的德育环境条件下彼此之间相互制约、密切联系，共同构成一个不断矛盾运动的德育动力系统，任何一个子系统的变化，都不可避免地会对其他子系统产生影响，从而对整个动力系统的效能发挥产生影响。因此，系统、全面地研究德育动力系统中的子系统及其构成要素，明确各子系统及其构成要素是如何作用于德育的，并且揭示其作用规律，对进一步优化德育动力系统结构，促进德育发展具有重要意义。

二、德育动力机制的运作机理

德育动力机制是指在德育动力产生和发展过程中，德育内部要素、外部要素与整合要素之间相互作用的机理与方式，是促进德育良性运行与协调发展的各种构造、功能和条件的总和。

（一）德育动力机制的基本结构

根据动力机制的一般定义，德育动力机制由外围结构与内核结构两个部分组成。外围结构又包括动力主体、动力传导媒介以及动力受体。

根据需要主体的三个层次，动力主体可以分为个体（微观层次）、群体和集团（中观层次）、国家和社会（宏观层次）。在整个德育活动中，德育主体是贯穿整个德育过程的组织者、参加者，既是德育的出发点，也是德育的目的和归属。具体到德育动力机制中的德育动力主体，还应该进行进一步的细分。根据主体在德育过程的角色与功能的不同，可以把德育主体分为教育主体、受教育主体、社会主体和政治主体。这四种主体之间的主体性与主体间性的融合，在特定的德育关系与德育实践中存在一种相互理解、相互融通的互动与作用关系，并且各主体之间所发出的动力可以通过一定的媒介互相传递。

动力传导媒介是德育动力从一个动力主体传到另一个动力主体的渠道，也是德育动力积累和递增的主要凭借之一。它能把教育主体、受教育主体、社会主体和政治主体的德育动力整合为一体，成为德育的整体动力。首先，利益是最重要的动力传导媒介。政治主体最经常的是通过利益这一传导媒介，将自身的德育动力化解，传递到教育主体、受教育主体和社会主体等动力主体身上。社会主体、教育主体和受教育主体在政治主体整体规划的德育目标所规定的利益导向下，开展创造性的德育活动，培养道德行为，形成道德习惯，以此满足利益需求。这样，政治主体就把自己的德育动力传导到了其他德育动力主体身上。反过来，其他德育主体形成道德习惯，实践道德行为又使德育计划、目标得以实现，从而使政治主体的利益得到了保证。实际上，所有德育主体的动力通过利益这一传导媒介相互传递而凝聚成为实现德育整体利益的动力集合。其次，文化也是重要的动力传导媒介。因为文化价值观和文化模式通过社会化和内化过程，可以融入主体的人格系统里，必然对动力主体的需求结构、价值观等产生影响并可能发生改变，从而使他们的动力发生变化。最后，信息也是重要的动力传导媒介。因为某一动力主体可以将动力以信息的形式传给另一个动力主体，使之知晓，或认同执行，或反对抵制，或置之不理。如政治主体可以通过广播、电视、网络、报纸、教科书等媒体进行德育的宣传，将德育政策、德育目标、德育规范等告知其他德育主体，使之认同执行。教育主体往往也通过丰富多彩的渠道和多种多样的形式，如利用PPT、视频、动漫等多媒体，将德育内容（道德信息）融入其中，把枯燥的道德说教变成潜移默化的道德体验。当然，德育动力通过信息这一传导媒介可以在德育主体间进行相互传递。

动力受体是指德育主体获得需求满足的对象、工具、资源等。需求满足的对象被称为满足物，最简单的划分是物质满足物与精神满足物。任何以物质形式存在的满足物都被称为物质满足物；反之，以非物质形式存在的满足物，如爱、权力、地位、荣誉等被称为精神满足物。工具则是德育主体在满足需求的过程中设计和创造出来的，是动力作用于满足物或为了获得满足物的桥梁。社会资源作为动力受体，在于它可以被改造为某种满足物，或作为工具去获得某种需求的满足物。

德育动力机制的内核结构包括动力源、动力方向、动力贮存体和道德行动四个要素。动力源是指德育主体的内在需求，它产生的动力是原生性动力。动力方向指动力与德育目标一致或相悖，直接关系到动力主体的动力性质和动力机制的性质。不同动力主体的动力贮存体的形式是不同的。教育主体的贮存体就是其教育能力，受教育主体的贮存体就是其接受教育和道德行为的能力，社会主体的贮存体就是团体、集体或群体的凝聚力，政治主体的贮存体就是其政治、经济、文化实力，包括现实生产力、科技水平以及建立在经济基础之上的权力体系和执政能力。道德行动是德育动力的直接表达。各德育主体将自身的动力转化为道德行为，各主体恪尽职守，教育主体、受教育主体践行社会公德、家庭美德和职业道德，社会主体和政治主体遵循政治文明依法执政，促进物质文明、精神文明与政治文明协调发展。

（二）德育动力机制的基本类型

根据动力机制的结构性特征和构造要素，可以将德育动力机制划分为德育内生动力机制、德育外生动力机制以及德育联动动力机制。

德育内在过程，简言之就是德育主体运用德育理论进行德育实践的过程。德育内生动力机制，是指德育内在过程的动力构成要素之间相互作用的机理与方式。它涉及的是德育的内因，是决定德育能否有实效的关键性要素，主要涉及主体形态及其需要的结构要素。

德育内生动力机制是德育形成和发展的内在依据，旨在确保德育的正确方向，增进德育的承继性。

德育外生动力机制是德育的各种外在动力构造要素之间相互作用的机理与方式。它涉及的是德育的外因，是促进理论形态与实践形态双向互动的各种外部要素，包括理论创新机制的动力结构要素和实践创新机制的结构要素。德育外生动力机制是德育形成和发展的外在关系机制，其功能是增添德育改革与创新的活力，促进德育的内化与外化双向互动。

德育联动动力机制是促进德育动力系统实现良性互动的各种整合要素之间相互作用的机理与方式。它涉及的是有效促进德育发展的各种整合要素，包括利益激励机制和适度竞争机制组成的德育动力加速机制，动力协调机制、动力保障机制和政策导向机制组成的德育动力缓冲机制。德育联动动力机制是德育形成和发展的整合要素，实质上是一种整合性、衔接性的动力机制，其功能是实现工具理性与价值理性辩证统一，保证动力机制为德育提供适度动力。

第三节　高校德育内生动力机制

一、德育内生动力机制的结构要素

（一）教育主体动力结构要素

一般而言，专门从事德育的教育主体包括日常思想教育管理人员（辅导员、班主任、党团组织管理人员等）和思想政治品德课教学人员（理论课教师）等。如果从全员育人的角度看，学校里从事教育、管理和服务的所有人员都有德育的功能。教育主体不是道德律令的传声筒，而是具体主体性的教育主体。对教育主体而言，德育不但是一种利益驱动，更为重要的是它内含教育主体的一种发展需要、道德理想和事业追求。

首先，德育是一种利益驱动。这种利益驱动表现在两方面：一方面，德育是教育主体的职业，做好德育工作，是教育主体的职责。做得好，可以获得职业的发展；做不好，有可能丢饭碗。另一方面，德育工作也是教育主体获得职业尊严的追求。因为社会上很多人对德育主体有质疑，既包括对教育主体德性的质疑，也包括对教育主体能力的质疑，更包括对德育本身的质疑。教育主体面对这种质疑时只有在实际工作中来证明自己能行，这就是德育功能属性的发挥，即德育能够以自己的有效活动，使德育对象接受社会对德的要求，从而确证德育的价值。

其次，德育是教育主体的一种发展需要。德育不但是为了满足社会需要和受教育主体的需要，还是为了满足教育主体自身的内在需要。教育主体本身也是人，也需要不断地发展。教育的本质是育人先育己。在德育过程中，教育主体不但教育了学生，同时也教育了自己，通过德育弘扬了自己"人类灵魂工程师"的神圣职责、神圣使命以及高尚人格，促进自我生命的"新的精神能量的生成"。

再次，德育还包含教育主体自己的道德理想。教育主体是一个独立的"人"，实际上，整个德育活动过程都是在教育主体的道德理想和追求主导下进行的。可见，教育主体不只是社会或某个政治集团的道德代言人和灌输者，德育还包含教育主体自己的道德理想。从这个意义上，德育主体在整个德育活动中，融入了充分体现自我意志的道德理想和道德信念，从而使学校德育成为道德主体自愿为之，并倾注了满腔热情的教育与自我教育活动。

最后，德育还内含教育主体的一种事业追求。教育除了鲜明的社会性之外，还有鲜明的生命性。人的生命是教育的基石，生命是教育学思考的原点。在一定意义上，教育是直面人的生命、通过人的生命、为了人的生命质量的提高而进行的社会活动。德育尤为如此，也本应如此。所以，德育是最具有生命性的教育，也是最体现生命关怀的一种事业，是教育主体对"提升人的生命价值和创造人的精神生命的意义"的一种事业追求。

（二）受教育主体动力结构要素

受教育主体是指接受德育的人。从受教育主体的基本要素构成来看，主要包括受教育主体四方面的需要，即物质利益、社会化、精神成人和追求高尚。这四项基本要素，既在横向上存在着相互作用、相互促进的张力关系，又在纵向上存在着一条由表及里、层次递进的结构链条。

人作为一个生命体，首先是一个自然存在物，而且是有生命的自然存在物。全部人类历史的第一个前提无疑是有生命的个人存在。因此，第一个需要确认的事实就是这些个人的肉体组织以及由此产生的个人与其他自然的关系。对物质利益的追求，是受教育主体产生德育需要的原动力。物质需要是人存在的前提和条件。人的需要分为生存需要、享受需要和发展需要三个层次，首先就需要基本的物质需求，这是一切人类生存的第一个前提，也是一切历史的第一个前提。物质需要是人类为了生存和发展而对客观物质条件的必然要求。满足了"饥有所食，渴有所饮，寒有所衣，病有所治"的生理需要，其他需要才会产生。作为物质需要的主体的具体生存的现实的"人",生活在某种社会形式中必然有物质需要的诉求。

(三) 社会主体动力结构要素

在德育内生性动力机制的主体结构中,社会主体也是一个重要的德育主体。从社会主体的基本动力要素构成来看,主要包括社会主体三方面的需要,即社会秩序维护、道德传承和实现社会理想。这三项基本动力要素,社会秩序维护是基本要求,道德传承是核心,实现社会理想是目标。

教育产生于社会生活的需要。就社会的实际来看,维系秩序既需要强制,也需要教育。社会主体不能把社会秩序的规范运行完全寄托于个体的自觉性上,因为看不到人有惰性的一面,把事情的成功仅仅诉诸人的自觉性,片面夸大思想教育的作用,可能导致"精神万能"。从功能的角度和满足社会生活需要的角度说,秩序价值,是德育最基本的价值之一。德育产生于社会秩序的需要。换言之,社会秩序的维护需要德育。通过德育,社会主体可以通过行为规范、道德观念和价值判断等有效地支配和约束每一社会个体的行为,让人们理解遵守秩序的重要意义与违背秩序的严重后果,从而遵守和维护秩序。这也是德育职能的具体体现。可见,德育作为社会规则的传承载体,对"应该如何生活的暗示和潜移默化"确保了社会秩序的维护,为人的生活提供了基本条件。

二、德育内生动力机制的功能分析

德育之所以经久不衰,关键就在于有一整套较为完善的动力机制,而在诸多的动力机制中,居于核心和关键地位的是德育内生动力机制。

(一) 德育内生动力机制是德育存在和发展的内在关系机制

事物的发展主要是内因(即事物内部的矛盾性)决定的。德育内生动力机制,从其根本性质上来讲,它指的是在人类现实生活德育需要的动力构成要素中,一切源自德育主体的德性需要基础上的追求、德育需要的内在过程的各种内在的动力构成要素所组成的有机体系。这些构造要素决定着德育的内在本质,无疑是德育存在的根本原因,是德育发展变化的内在依据,是德育发展变化的主导因素,即内因。如果说内因是事物发展变化的内在依据和根本原因,体现的是事物的内在矛盾关系,那么,德育内生动力机制实质上就是德育这一事物的内在关系机制。总的说来,这一内部关系机制体现在四方面:对教育主体而言，德育不但是一种利益驱动，更为重要的是它内含教育主体的一种发展需要、道德理想和事业追求。受教育主体的物质利益、社会化、精神化和追求高尚这四方面的需要是德育动力结构要素。社会主体三方面的需要，即社会秩序维护、道德传承和实现和谐社会理想是其德育动力结构要素。政治主体的基本动力要素主要包括维护阶级利益、灌输意识形态、保障政治稳定和实现最高理想四方面。

（二）德育内生动力机制确保德育的正确方向

在德育理念上，过分偏重德育的社会价值，只强调德育的社会功能，而忽视德育的个体功能。这种德育价值倾向的片面性，忽视了德育对人的生命价值、成长需要的真正意义，必然歪曲了德育的本质，导致了只见"社会"不见"人"的"无人化"德育现象，造成德育与学生成长和发展的严重疏离，结果是德育效果长期低迷，德育的社会价值也不能得到真正的体现。计算机网络的普及也给传统的德育工作带来了冲击，由于缺少治理网络环境的经验和措施，严重制约了德育工作的影响力，难以形成良好的育人环境。

第四节　高校德育动力机制的构建

一、德育动力机制构建的目的

德育动力机制构建的根本目的是实现德育的终极价值——"把人实现为人"。其直接目的就是要把德育动力最大限度地激发出来，并且形成适度的合动力，使之成为推动德育的持续的、稳定的力量。

（一）德育异化与人的异化的双向扬弃

德育异化是德育动力缺失的重要原因。因为异化的德育不再是人们所需要的德育，而变成一种约束人、限制人的异己力量。德育异化主要表现在以下几方面：一是当前德育的异化。由于应试教育影响，一切德育活动以高考升学为转移，德育塑造人、完善人的功能被严重弱化，普遍存在重分数轻德育现象，德育畸形发展。二是大学德育的异化。在道德相对主义、欲望主义与工具理性主义的合力作用下背离了大学精神和教化本性，持守价值中立、娱乐化和工具化的立场，导致了自身的异化。其结果是，以促进大学生德性成长为目标的大学德育却导致了学生人性的迷失和堕落，这是对大学生的发展不负责，也诱发了大学德育自身的生存危机。

德育异化在本质上就是人的异化。德育异化最根本的体现就是漠视人和生命的存在，对人和生命尊严的深层蔑视。而异化的德育培养出来的学生必然是人格有缺陷的，对人和生命本身缺乏同情、怜爱、关怀、呵护与尊敬的麻木、冷漠、无情的人。这样的人，必定是异化了的人。德育一旦异化，在某种程度上存在着忘却德育的真正对象和真正目的，就会漠视人的尊严、压抑人的自主、忽视生命的体验、曲解生命的意义，收获的是生命贫乏、缺乏活力、遗忘生命意义的学生。这是与德育的本质背道而驰的。

在根本意义上，德育指向的是人的精神世界和意义世界的构建，它的任务是通过人的塑造，提升人、发展人，使人超越现实的物欲满足，超越生命自身的时空限制，获得精神的提升，从而得到人生幸福和存在的意义。因此，构建德育动力机制的首要目的和任务就是要防止、抵制、避免德育与人的双重异化。

（二）人的全面发展与德育文化的双向互促

"人的全面发展"的概念，即人应该不断地追求自身的完善。人不仅是认识主体和实践主体，也是价值主体。德育就必须以这个现实的人为根本的出发点和归宿。而人的根本需要则是解放、自由和全面发展的需要，因此，从德育的终极意义或德育的最终本质来说，它要促进人的自由而全面发展。德育的原点和归宿应该是人的全面而自由发展。这种追求人的自由而全面的价值取向，不仅是由人之为人的内在本质决定的，也是人之存在要求的应有之义。所以，作为促进德育发展的德育动力机制也要围绕"人的自由而全面发展"这一原点和归宿展开。而且，德育动力机制促进人的自由而全面发展应该是一种对人的整体性发展和每一个人都自由而全面发展的促进，因为全面发展的人，不仅其物质力量要素要有充分的发展，而且其观念意识也应当全面完善。他将是一个能使个人诸种特性全面生成，并不断地改变自身支配客体世界的方式、手段，同时又能内化社会多种理论的整体性发展的人。并且，真正的人的发展不是一部分人发展和另一部分人不发展，而是人人都自由而全面发展，因为"一个人的发展取决于和他直接或间接进行交往的其他一切人的发展"。对人的自由而全面发展的追求，实际上也是德育动力机制构建的一种终极价值取向。德育和德育动力机制的各个构成要素都是围绕着"人的自由而全面发展"这一最高价值追求展开的。因此，德育动力机制构建要实现对人的自由而全面发展的促进，就要注重人文关怀，各种机制及其构造要素都要围绕解放和释放人的精神创造力，提升人的主体性和精神境界这一主旨，使人自觉履行人之责任，使人获得的正确政治方向奠定在理性文化的信仰基础上，通过文化自觉实现政治上的坚定。

二、德育动力机制构建的基础

德育动力机制构建的基础，是关系到德育动力机制是否稳固、能否真正发挥它应有的功能的重要基石。

（一）尊重人的存在和主体性

真正符合人的本性的哲学和伦理学应该充分尊重个人，尊重个体生命，应该教会每一个人把"人的生命作为价值的标准"、引导每一个个体"把自我的生命当作每个个体的伦理目的"。这里的"标准"和"目的"的区分是这样的：标准是一种抽象的原则，用来衡量或矫正人们的选择，以便达到具体的、特殊的目的。将这一原则运用于具体的、特殊的目的与理性存在相适应的生命目的——属于每个个体的人，他所生活的是他自己的生命。人类必须按照适合于人类自身的标准来选择行为、价值和目标，以此来达到、保持、发现和感受终极的价值，它存在于自身之中，是其自身的生命。德育作为"把人实现为人"的一项育人活动，尊重人、提升人、发展人、丰富人、完善人应当成为德育的出发点和价值旨归。而这种人本价值旨归，应当充满对人自身的尊重、对自由和幸福的追求，蕴含深厚的人文精神和终极关怀。在这个意义上，德育必须与人的幸福联系起来，与人的自由联系起来，与人的尊严联系起来，与人的终极价值联系起来，使教育真正成为人的教育，而不是机器的教育。使教育不只是人获得生存技能的一种手段，而且还能成为提升人的需要层次、丰富人的精神世界的一种途径。

主体性已成为当今我国哲学社会科学领域的一面旗帜、一个纲领和一个口号。主体性，就是道德活动的主体所具有的完善自身、完善他人和完善社会的能动性。德育中的教育者不是传播某种理论或意识形态的"机器"，受教育者也不是一个个需要填满的"容器"。他们本身"占有自己的全面的本质"，有自己作为个体独特的能力、情感、意识、品性和价值取向等。因此，如果人们承认人本的价值旨趣，就不能仅仅把他们都作为某种"物"存在，而应该作为"人"存在。在德育活动过程中，要塑造人、完善人、发展人，但是首先要做的是尊重人，然后实现作为"人"的价值、尊严和意义。从这种意义上，德育动力机制构建的基础首先要尊重人的存在和主体性。对德育进行主体性建构，必须按照人的方式，把人实现为人。所谓"人的方式"，就是"人以一种全面的方式，也就是说，作为一个完整的人，占有自己的全面的本质"。具体来说，所谓按照"人的方式"就是按照人之为人、人成为人的经济的、政治的、思想文化的条件和根据，让人之为人的自主本性得以自我创生、自我呈现的过程。所谓按照人的方式把人实现为人，就是这个意思。而主体性理论为德育的主体性建构提供了理论指导和可能路径。

（二）导引终极关怀

终极关怀是德育的终极目标和价值。德育的最终目的是表现人的生存与发展内在要求的自由、和谐、全面发展并由此产生幸福感。终极关怀是最根本的关怀。"人本"，就是以人的幸福为本。从这个意义上说，人的终极关怀，就是使人得到幸福。亦即，所有的教育主体，无论是教育者，还是受教育者，都应该通过德育获得幸福的终极关怀。因此，获得个体幸福是德育的应然追求，德育不能背离"幸福"这一价值旨趣。然而，种种德育实践行为所导致的"人"的迷失，往往使德育深陷于有悖个体幸福的重重矛盾之中。事实上，不管德育以何种形式和程度使"人"迷失，归结到一点上都是对"人"的挤压，它压制了受教育者，也扭曲了教育者本身。因此，德育应回归幸福的本真，把幸福还给人。

从这个意义上，在德育中，不但要对教育主体施以现实关怀，更要给予终极关怀。现实关怀是低层次的需求，终极关怀才是价值追求、自我实现、全面发展的高层次精神需求。

三、德育动力机制构建的路径

德育动力机制通过制度化的运作，为德育提供适度的动力，推动德育发展，实现德育价值，满足德育主体利益需要。从德育动力机制运作机理看，其主要包括四个方面的要素：主体、利益、价值和制度。德育动力机制运作的最终指向是德育主体的需要满足。因此，主体是德育动力机制的最终目的，也是德育动力机制建构的首要内容。俗话说"无规矩不成方圆"，德育动力机制也不是随意而为的，也该有一定的规则，才能更好地规范德育活动。从这种意义上，制度是构建德育动力机制必不可少的内容之一。

（一）主体维度的建构路径

从德育动力机制的性质和实现途径看，全员参与是德育理念的核心价值所在，是德育动力机制的应然取向和现实诉求。

全员参与是整体德育合力育人观，它的核心思想是人人都是德育主体。对于德育动力机制而言，人人都可以是德育动力的主体，也是德育动力机制的主体。这既是教育本身意义的要求，也是当代教育发展的内在需求。德育工作不是德育工作者的专属领域，其他主体，包括专业课教师、学校各职能部门、后勤服务人员、学生组织、政治主体和社会主体都含有丰富的德育动力要素，对德育动力机制的建构和运作都会产生一定的影响。

因为各门课程、各个部门、各种服务载体、各类组织、团体里的人都具有德育资源和德育功能，其思想、道德、品质和人格都会给学生以潜移默化的影响。所以，德育动力机制需要全员参与，把德育工作渗透到各个工作环节和各项日常管理中去，构建各部门齐抓共管、各育人环节紧密配合、全员参与的"全员育人、全方位育人、全过程育人"的德育工作格局，形成全校上下共同推进的强大合力。从这个意义上，全员参与是德育动力机制的应然取向和现实诉求。德育动力机制的主体应该是一种由教育主体、受教育主体、社会主体和政治主体组成的多层次的、全员参与式的德育动力主体。

基于目前教育者和受教育者的主体性地位不够凸显的现状，德育动力机制的主体建构重点应放在教育主体和受教育主体的主体性建构上。

（二）利益维度的建构路径

利益是德育动力产生的原动力。因此，构建德育动力机制，首先要考虑利益驱动。利益驱动是德育动力机制实现张力作用的手段之一。对于德育内生动力机制而言，一切主体的利益追求都可以是德育内生动力机制的内在动力构造的源泉。

对教育主体而言，德育的利益驱动表现在两个方面：一方面，德育是教育主体的职业，为了不丢饭碗，要做好德育工作；另一方面，德育也是教育主体，只有在实际工作中证明自己的价值才能获得职业尊严。

对受教育主体而言，物质利益，是受教育主体德育动力产生的物质基础，而对物质利益的追求，享受精神愉悦、实现完美自我是受教育主体产生德育需要的内在动因。在德育过程中如果能够充分肯定和彰显个体利益和个体发展，必然会提高个体内化德育内容、养成道德行为的热情，提升道德成长的动力，最终提高德育的实效性。

对政治主体来说，其利益就是巩固统治秩序和维护统治阶级的利益。政治主体有意识地利用德育（教化）的手段来灌输主流意识形态，培育政治品质，实现自己的意志和目的，巩固阶级统治秩序，维护阶级利益。

对社会主体而言，其利益就是维护社会秩序和实现集体最大利益。道德作为一种调节社会关系的规范，是一种维护社会稳定的手段。社会主体通过德育引导学生在追求自身利益满足与个性发展的同时，也应当遵循相应的道德原则和社会规范。

（三）制度维度的建构路径

德育动力机制除了有主体参与、利益驱动和价值引领外，还必须有制度予以保障。因为"制度文化是精神文化的载体，制度文化赋予物质文化以生命和活力"。当前的德育正处于实效性低下的困境当中，而导致这一困境很大程度上有制度方面的原因。因为我们的学校德育在制度方面有欠缺，存在德育建设制度不完善、不合理、缺乏人道精神等问题。而要改变这种现状以提高学校德育的实效性，加强学校德育制度建设是一项有力的举措。

加强德育制度的有效性和德性，有两点是必须做好的：一是社会制度本身要体现公平和正义，从而形成良好的社会道德风气；二是学校德育不能回避对于道德制度本身的德性考察，应该正视并弥补制度缺陷，不断去完善自身的道德规范和制度体系，通过道德的制度来教育人、鼓舞人。所以，德育动力机制的制度建设是非常重要的一环。因为各主体在利益驱动和价值引领的前提下参与德育活动，利益诉求各异，价值观念也各不相同，单靠自觉自律是不行的，还要对德育主体之间关系及其调整规则进行合理确定。这不仅有利于更好地规范个人行为、管理行为和政治行为，提高德育的质量和调整力度，也有利于贯彻以人为主体、理解与尊重主体的合法权益与合理要求的德育理念，也是完善德育动力机制，促进德育动力机制的科学化、法治化的重要环节。德育制度是一个非常复杂的体系，制度体系的建构也是一项系统工程，而就德育动力机制的制度机制构建而言，主要可以从政府与学校的关系、教师与学生的关系构建两个维度对德育制度予以完善。

第五章　高校德育方法的创新

第一节　高校德育工作方法的创新

随着新时代的到来，我国各项事业发生了很大变化，政治、经济、文化、教育等方面取得了举世瞩目的成就。但是同时也要看到，我国高校德育也在发生变化，原有的方法已经无法满足社会发展的需要。因此，改变传统德育方法已经成为高校德育发展中刻不容缓的任务。通过论述高校德育方法的基本理论及创新价值，以及分析高校德育方法的现状及存在问题的成因，学习并且借鉴国外高校德育方法，从而探索高校德育方法创新的基本路径。这对于推动高校德育的整体发展，落实高校培养大学生全面发展的目标具有重要的实践意义。高校德育方法创新已经成为专家和学者普遍研究和关注的重要课题。

经济全球化、信息网络化等因素的影响使高校德育工作面临着新的挑战，高校德育工作在很多方面尤其是工作方法上长期处于一种陈旧单一、亟待解决却又无定论的尴尬境地，很多学者也都以此为题阐述过意见。众所周知，大学生是即将踏入社会并建设社会的一个群体，他们的成长不仅关系到将来其生个人事业、生活的成败，更重要的是还涉及社会的各个方面，因此大学生的道德素质问题就显得非常重要。

一、高校德育内容与方法面临的挑战

（一）新形势下高校德育工作环境的变化

21 世纪世界进入知识经济时代，社会的生产方式、生活方式、管理方式、思维方式等都已发生巨大的变化。人类历史的经验证明，尽管人的道德水准和文明程度可以获得提升，但人性的基本面是不可改造的。伴随由计划经济向社会主义市场经济体制的转轨带来经济的持续高速发展以及由全面改革开放带来的西方的科学技术、价值观念，社会发生了

深刻的变化。一方面，人们领略到了这场伟大变革所带来的社会生产力的彻底解放和物质财富的迅速增长；另一方面，人们也为社会生活尤其是道德生活中出现的一些"反常"现象所困惑，是偶然还是必然？是发展市场经济所必需的"代价"，还是社会机制运行本身所固有，抑或两者兼而有之？几十年的渐进性改革开放得益于一个"放"字。人们把容易做的事情做了，却把难做的事情留到了现在。所有这些，就学校德育而言，都意味着德育环境的变迁。而作为社会的一个子系统，学校德育一方面必须完成社会所交付的道德教化的任务，并在此过程中获得自身发展的基础和条件；另一方面，学校德育也不可能摆脱社会对其自身的制约。

1. 社会形势转型的三种特点

一是世纪转换。人类已经跨入 21 世纪。在新的世纪里，我国要实现中华民族的伟大复兴，要全面建设小康社会，加快推进现代化的新的发展，成为富强、民主、文明的社会主义国家。当代大学生是完成这一历史任务的主力军，高校的德育工作就是培养德智体等全面发展的社会主义建设者和接班人，为经济发展和社会进步提供精神动力和智力支持。

二是社会转型。我国正处在从发展中国家向现代化国家的转型，从农业国向工业国的转型，从粗放型经济向集约型经济转型的转折期。要实现社会转型和经济发展的宏伟目标，最重要的是培养人才，培养掌握现代高技术的人才。高校德育工作的任务之一就是让学生了解和认识我国 21 世纪发展的宏伟蓝图，鼓励他们奋发向上、努力成才。

三是体制转型。我国正处在从计划经济向社会主义市场经济转轨的历史阶段，这对社会的经济结构、文化结构、教育结构以及人们的思维方式、生活方式等都将产生巨大的冲击。高校的德育工作要帮助学生树立与市场经济相适应的现代观念和意识，改变学生中存在的各种非理性观念，正确认识市场经济带来的消极因素和负面影响，使大学生成为改造社会、促进社会发展的主人和动力。

2. 德育环境变化的两个方面

一是社会环境发生变化。世界多极化和经济全球化的趋势继续在曲折中发展，科技进步日新月异，综合国力竞争日趋激烈。随着社会经济成分、组织形式、就业方式、利益关系和分配方式日益多样化，人们思想活动的独立性、选择性、多变性和差异性也日益增强，社会思想空前活跃，各种思想观念相互交织，各种文化相互激荡，各种思潮不断涌现，各种矛盾错综复杂，社会意识出现多样化的趋势。这种变化趋势从总体上讲是积极的，为青年学生的全面发展创造了更加广阔的空间，与社会进步相适应的新思想新观念正在丰富着青年学生的精神世界。但在这个过程中，而对国际背景、经济基础、体制环境、社会条件、传播手段的深刻变化，面对青年学生求新、求乐、求知、求助的各种需要，高校德育在思想观念、内容方法、管理运行诸多方面还不适应。高校德育要直接面对社会开放和价值多元的现实，认真研究新情况新问题，正视道德冲突，解决道德困惑，帮助学生分辨是非，学会判断和选择。

二是德育对象发生变化。当代青年学生出生在改革开放年代，成长于社会转型时期，他们的心理状况、接受能力、欣赏水平发生了很大变化，接受信息、学习知识、休闲娱乐的方式、方法、手段发生了很大变化，思想活动的独立性、选择性、多变性和差异性明显增强。青年学生思想、价值、观念、行为呈现许多新特点。

思想现实上，学生关心热点在减少，没有集中热点，舆论一律情况减少；政治意识、理想激情逐渐被理智、客观、冷静、现实的头脑所取代。观察问题、处理问题上往往表现出五个"更多"，即更多地采用生产力的标准，而不是意识形态的标准；更多地采用具体利益的标准，而不是抽象的政治标准；更多地采用市场经济的标准，而不是传统的道德标准；更多地采用批判的标准，而不是建设的标准；更多地采用"与国际接轨"的标准，而不是"中国特色"的标准。

（二）新形势下高校德育工作内容与方法面临的挑战

新时期国际、国内形势的新发展给在校大学生带来了思想观念、价值取向、文化生活的多样性。经济全球化、加入世贸组织、网络文化以及我国高等教育大众化的趋势等都对高校德育工作提出了新的挑战。

市场经济中人的自我和人的物化倾向加剧，使社会生活在一定程度上呈现出片面追求个人物质利益的倾向，人的物欲膨胀，使德育工作所宣传的理论和观念不容易被教育对象所接受。

1. 高校德育工作面临着社会多元化带来的挑战

随着经济体制和政治体制改革的不断深入和发展，我国社会正面临着重大变革，社会呈现多样化的趋势，社会环境的复杂性和多样性大大增加，经济体制和社会结构的变革，多元化利益格局的产生和变化，导致学生道德观和价值取向的多元化。高校德育的对象呈现出新的特点：独立意识、自我意识加强；思想行为趋于个性化；学习动机多样化；价值取向务实化；等等。活动、行为习惯具有明显的个性特征和复杂的层次性。

当代大学生思想发展的特点和阶段性，决定了高校德育必须具有时代性和针对性，要根据时代发展需要和学生的思想实际，精心设置德育的内容体系，人道主义、科学精神、环境意识、全球意识、和平与发展意识、合作意识等全社会、全人类共同的一般行为规范教育，应成为德育的主要内容，要用市场经济强化现代观念，培养学生开拓、独立自主、冒险进取、爱岗敬业的精神，培养学生关心、同情、友善、宽容等美德。要结合当代大学生多层次、多样性的特征，加强大学生的心理咨询和心理承受能力的培养；要坚持中华民族优秀文化和优秀传统的教育，注意道德教育与人文精神交融。

2. 高校德育工作面临国民经济快速发展的挑战

国民经济的快速发展加大了大学生生活方式的复杂程度，对学生思想教育工作提出了严峻的挑战。大学生的生活方式与其他职业群体以及同龄青年的生活方式最明显的差异，就在于大学生的生活方式具有独特的"校园"特征。

首先，大学生是个相对独立的群体。他们长期学习、生活在校园里，接触的伙伴多是同龄人。无论是外地学生还是本地学生，家庭观念普遍淡化，在观念和习惯上都保持着一定的独立性，并形成带有校园特色的群体生活方式。

其次，大学生是社会中文化层次较高的群体。一方面，他们每天接触中外书籍，生活在各种文化信息最丰富的环境里，因此他们更多地受到各种文化思潮的冲击。另一方面，大学生又极其重视精神生活，喜欢探索社会、思索人生，好对各种事件评头论足，做出新的价值判断。在市场经济发展的过程中，求美、求乐成为年轻人的追求，一些人不仅注重物质享受，而且也非常讲究精神生活，文化消费于是产生。

二、高校德育工作方法的创新

对高校德育工作进行梳理和反思，就会发现高校德育工作面临着很多问题，其集中反映出来的问题要求必须进行德育工作方法的创新；新的形势也需要高校德育工作从新的思维和新的视角，站在"人的全面发展"和"传承传统文化"的理论之上进行高校的德育工作创新。面对未来的种种挑战，高校德育工作的个性化、社会化、终身性等一系列实践创新活动仍需在正确的理念指导下不断探索。高校德育工作应当根据社会与经济发展的需要，借鉴和吸收现代文化和信息技术的积极要素，从计划经济时代传统的灌输型德育模式转向辨析型、引导型的德育模式，构筑起一种新型的互动关系，将树立正确的世界观人生观价值观教育、弘扬培育民族精神教育、公民道德教育和素质教育作为加强和改进大学生思想教育的主要任务。

（一）新形势下高校德育工作方法的创新

面对目前高校德育存在的问题，面对新形势下的挑战，面对我国知识经济发展对思想教育的迫切需要，而对高校教育中德育工作的生命线地位，德育必须实现理论上的突破和实践上的创新。

1. 德育意识的全员化和德育格局的全方位

全体教职工都负有德育工作的责任，要做到"三育人"即教书育人、管理育人和服务育人。全体教师应该更新教育理念，彻底改变只有德育教师才负有学生道德教育的责任这种错误思想，要高度重视和充分发挥每一位教师的育人作用。教师要树立正确的教育思想，做到言传身教，为人师表，以自己的行动感染学生，使他们受到道德的熏陶。要发挥各科教学的德育功能，结合教学相关内容和各个环节，在适当的时机对学生实施道德教育环节，在适当的时机对学生实施道德教育。例如在物理教学中，可以通过介绍我国古代的科学技术成就，让学生充分认识到中华民族的灿烂文化，树立民族自豪感；介绍我国现代科学技术新成就，弘扬中华民族的创造精神；结合物理知识的教学对学生进行辩证唯物主义教育，使学生认识到世界的物质性、运动性等。不仅在物理教学中，每一学科的教学中都蕴藏着丰富的道德教育资源，这就需要教师充分挖掘，将道德教育融于学科教学中，以期达到对学生道德教育的潜移默化的影响。

学校各项服务工作都应有德育功能，只是有的德育的因素比较明显，而有的则比较隐蔽。学校各项管理工作都应尽力与德育工作相互配合，注意与道德教育因素紧密结合，着眼于对学生的教育，从严要求，注意方法的使用，使之成为学校德育的重要补充途径，使学生从中受到感染、激励和教育。

2. 德育目标的层次化

德育目标是通过德育活动所要达到的目的要求。我国还处在社会主义初级阶段，多种所有制形式、经营形式、分配形式并存，呈现了以社会主义道德为主体的多种道德并存的情况。与之相适应，高校德育必须打破传统的"大一统"的目标模式，大学生的道德水准呈现多层次、多规格的特点。根据大学生不同年级身心发展水平，针对学生人生观、价值观、道德观及思维方式上出现的新特点，根据社会发展阶段的要求来看，从培养时代新人着眼，从抓基础项目入手，分阶段分层次制定德育目标，形成目标系列。

3. 利用网络把德育透明化

国家教育部门可以考虑借助网络方便快捷的优势，为每个学生建立道德档案。每个年满 16 岁的公民都在网络中建立档案记录。此记录主要包括以下内容：姓名，年龄，所受教育情况，以及最重要的一面——道德行为、道德素质记录。人的道德素质记录，也就是做人记录。在我国确实有必要建立这种负责机构，在核实事件真伪的基础上，将公民的道德行为记录在案。这种方式便于用人单位和相关人士进行查证，在用人选人时可以作为一个很重要的参考。当然，这只是一种参考作用。这也是针对现在网络诈骗的一个有效的应对措施，最重要的是，这种档案记录要起到一种激励作用，促进个人提高自己的道德素质，改变不当的行为习惯，按照社会的道德规则约束自己的行为，逐渐从他律走向自律，这才是建立道德档案记录的目的所在。

4. 德育方法多样化、层次性

德育方法是为完成德育任务所采取的手段。由于德育过程是一个多因素相互影响、多层次的发展过程，大学生思想品德的形成受到社会、家庭、学校以及学生个人身心发展状况诸方面的影响，德育必须通过影响思想品德形成的各种条件的综合作用，才能奏效，这就决定了德育方法的多样性和层次性。德育方法从不同的视角可以分为不同的层次。如，从德育主体和客体的角度看，可以分为主体外部灌输和客体自我修养两个层次；从德育内容权重的角度看，可以分为理论教育、实践教育；从德育的类型看，可以分为氛围型、渗透型、情感型、审美型；从德育方法的特点和作用看，可以分为说服教育法、情感陶冶法、实际锻炼法、榜样示范法、修养指导法等。

（二）高校德育工作方法创新的尝试性策略

创新是主体通过探索去解释和把握世界的规律，并遵循和运用事物的规律催生富有全新价值的新事物的过程和结果。创新是一个艰苦的过程，在这个过程中必须充分发挥主体的能动性。而这种能动性的发挥必须符合事物的发展规律，同时又受到客观条件的制约。因此，高校德育方法的创新不仅在其创新过程中面临着挑战，更重要的是这种方法的创新必须正确地应用于教育实践，并对实践产生预期的影响和效益。高校德育是一门科学，其知识体系要经得起现实生活的检验和历史的验证。一般来说，德育的有效性，主要表现为德育活动对其预设目标的实现程度。这是一个尝试性的过程，同时也是检验创新方法的科学性的过程。任何教育理论都不可能放之四海而皆准。因此，任何新的教育理论的实践都必须是谨慎的、尝试性的。

基于对现代道德教育的现状的分析，在今后的道德教育中，从指导思想和实际内容上都要有所改观。从大的方向上来讲，道德教育要做到以下几点：

首先，在高校高度重视道德教育。这显然不是一个创新，因为在我国各级教育目标中都明确把道德教育作为教育的首要任务和内容。但实际上在我国的高等教育阶段，道德教育并没有真正被提上日程，高校的道德教育实际上主要是政治教育和大学生日常规范教育。道德教育的真正意义已经丧失殆尽。因此，反思现阶段社会道德水平下降、道德信仰丧失的状况，高校德育必须反思自身，肩负起大学的责任，把大学精神真正落到实处。大学的责任不是仅仅授予学生一个谋生的证书和学历，更重要的是授予学生中华民族的优秀道德文化传统。

其次，德育内容的选择和安排必须以德育目标为依据，是根据社会主义教育目的、德育任务、当前的形势及青年学生的品德水平确定的。当代大学生思想发展的特点和阶段性，决定了高校德育工作必须有针对性、科学、系统地安排内容，不同的阶段有不同的侧重点。

中国自古以来都是以德治国，中华民族的优秀道德教育传统名扬天下，"礼仪之邦"是世界对中国的承认和赞誉。中国的传统道德教育应该是让人们引以为豪的。

第二节　高校德育方法基本理论及创新价值

高校德育方法创新是研究高校德育方法的系统体系，是研究高校德育方法如何创新的理论体系。新时期我国的高校德育取得了显著的成就，在一定程度上促进了高校德育方法的发展。但是，从总体上来看，高校德育方法在发展过程中仍存在一些问题与弊端，例如：德育的过程中，德育方法滞后于教育对象，方法陈旧，方式落后，致使高校德育方法滞后于时代的发展，在很大程度上影响着德育目标和德育任务的完成，阻碍了高校德育方法的创新，从而影响到高校德育的整体发展。随着国家各项事业的快速发展，特别是网络技术的普遍应用，传统的德育方法已经无法满足新时期的需要。

一、高校德育方法的基本理论概述

（一）高校德育方法创新的必要性

随着时代的发展，大学生的思想观念和思想动态发生了明显的变化，认真分析大学生出现的新问题，对于出现的新问题进行有针对性的教育，要认真总结出现问题的原因，并且解决大学生实际生活和学习中遇到的问题。以下从方法与德育方法的内涵以及高校德育方法内涵与特征中深入了解高校德育方法创新的必要性。

1. 方法与德育方法的内涵

在我国，关于德育方法内涵的界定有许多种。而"方法"一词，来源于希腊文，原意为沿着一定的路径，以一定方式或程序开展活动，从而达到目的。德育方法因此可以定义为教师和学生在德育过程中为达成一定的德育目标而采取的有一定内在联系的活动方式与手段的组合。在这一内涵的阐述中，德育方法与一定的方式与手段是紧密相连的，同一种德育活动方式与手段可以有不同或是多种的教育方法，但都是为一定的德育目标而服务的，是德育目标顺利达成的中介，起到"桥梁"的作用。

2. 高校德育方法的内涵

高校德育方法是为促进高校德育发展，为实现德育目标而运用于教育者与受教育者之间的各种德育手段、方式的总称。从高校德育方法的内涵中可以看出，高校德育目标是为了更好对受教育者进行德育，从而促进高校德育的发展。高校德育方法是教育者与受教育者共同参与的德育过程所运用的手段与方式，起到衔接和"纽带"的作用。

3. 高校德育方法的特征

高校德育方法的恰当运用，直接决定着高校德育的整体发展，决定着高校德育能否取得预期的效果。以下几个方面说明高校德育方法的特征：

首先，高校德育方法的科学性。高校德育是对大学生进行德育的主要的思想阵地，以马克思主义的科学理论为指导思想，对不断变化和发展的新情况、新问题进行研究和总结。在一定程度上反映了高校德育方法的科学性，为高校德育沿着正确方向发展提供了有力保证。

其次，高校德育方法的应用性。高校德育方法在高校德育过程中有很强的应用性。任何问题的解决都需要有正确的方法，方法的正确选择，在于它可以帮助德育工作者正确认识出现的问题和有针对性地去解决问题。在高校德育的实践中应该把理论性和应用性结合起来，更好地为大学生服务。

再次，高校德育方法的针对性。德育工作者在德育实践的过程中改变传统教育中以批评教育为主的教育方法，针对不同个体的兴趣、爱好、心理状况的差异，对于出现的各种问题运用恰当的方法有针对性地解决，认真做好并且解决与大学生相关的德育问题。

最后，高校德育方法的系统性。高校德育是一个完整的教育系统，它包括诸多方面，高校德育的主体、客体、方法、手段、模式等都是高校德育内容。而高校德育方法的系统性体现在整体性和动态性。整体性，即高校德育方法系统依据一定的方式组成有机整体；动态性，由于高校德育方法面临的时代条件、形势、任务、对象和环境经常处在变化之中，这就决定了高校德育方法内部各要素之间，存在着密切的相关性。

因此，在社会主义各项事业高速发展的新时期，促进高校德育发展的任务紧迫，而作为"中介"和"桥梁"的高校德育方法的创新就显得尤为重要。

(二) 高校德育方法创新的紧迫性

1. 由新时期的社会背景决定

随着我国综合实力的不断增强，各国之间经济贸易往来、合作的联系日趋紧密，面对这种严峻并且复杂的国际环境，作为高校德育工作者应该做好德育工作，在实践过程中运用恰当的、可行的德育方法，全面加强高校德育，提高抵御腐朽思想的能力。

新时期我国的经济、政治、文化、科技和军事等各项事业欣欣向荣，各项事业快速发展。广大人民生活方式发生了新变化，呈现多样化特点，大众的生活观念和生活态度多样化，生活观念趋向更加务实开放，生活兴趣和爱好更加广泛多样。通过大众传媒和人际交往，人们生活态度的相互影响程度在不断加深，同时也更加凸显自己的个性。但在多样化的同时，一些错误的或者是不文明、不健康的生活观念和生活态度也相继出现，拜金主义、享乐主义、极端个人主义等腐朽思想开始滋长蔓延；有的人生活态度消极平庸，缺乏精神追求。时代与社会的变迁与发展必然会反映到思想意识领域，高校德育作为意识形态的一部分，也必然打上时代的烙印，这些不良现象和影响在社会上的盛行必然会波及世界观、人生观和价值观正在成长中的当代大学生。在国内环境的影响下，高校德育中传统德育方法的弊端暴露得越加明显，它的传统性和滞后性已经越来越不适应时代的发展需要，要求高校要积极地改变传统的德育方法。在德育过程中，适应我国的发展变化，积极促进德育方法的创新，从而保证大学生在复杂的国际和国内情况下保持清醒的头脑。

2. 由高校德育工作者的职业素质决定

高校德育工作者在德育工作中能否做到从实际出发、突出重点，直接决定着德育工作的成败。遗憾的是，实践中往往希望面面俱到，要求过于理想化，不能客观地把德育的核心目标层次化并与实际要求有机结合起来，无法主次分明、有的放矢和卓有成效地展开工作。高校德育过程中，往往存在着一些德育工作者自身的思想素质不高、专业知识不过硬、重理论灌输、轻社会实践，忽视大学生出现的思想问题的根本原因等情况，对于出现的问题只是进行理论教育和批评教育，忽视了大学生的主体性，使其被动地接受教师的教育，长期下去，造成的后果是大学生学习的主动性与积极性无法得到发挥，影响大学生的主体地位，使大学生产生逆反心理，达不到德育预期的效果。

因此，作为高校德育工作的主要力量的德育工作者的职业素质直接影响着德育的实效性，直接决定着德育方法在实践过程中能否有效实施。在激烈的竞争中，素质高、专业化和专家化强的德育工作者开展德育工作可以运用恰当有效的德育方法，针对出现问题的不同，采取不同的方法进行教育，这样既能充分调动大学生的主动性和积极性，又增强了德育工作者对待德育工作的主动性与热情。从根本上对于促进德育方法的创新发挥了积极作用。

二、高校德育方法的创新价值

第一，高校德育方法的创新，是提高高校德育实效的需要。高校德育实践的过程中，方法的正确与否直接关系到高校德育的成功与否。德育方法的正确选择可以对大学生产生积极的教育影响；相反，德育方法的不恰当运用就会使大学生产生厌恶的心理，容易造成严重后果。只有做到德育方法的有效运用，才能达到德育的目的。

长期以来，高校在德育的过程中，积累了丰富的理论经验与实践经验，在一定程度上对高校德育的发展起到了一定的积极作用。但是随着新时期的到来，新形势的发展变化，传统的德育方法已经不适用于高校德育的发展。要改变这种不利的情况，高校必须做到与时俱进，促进德育方法的创新，主要是因为：一方面，由于当前国际环境和国内情况的复杂多变，高科技的普及，拓宽了大学生获得信息的视野，从接受教师的理论灌输开始转向网络进行德育，一些西方国家的非社会主义的思想、价值观念和生活方式通过互联网的传播途径开始流入大学校园，冲击着传统教育，在大学生群体间产生了一定的影响；另一方面，随着新时期我国各项社会主义事业的不断发展，呈现出了以前没有的特点，如经济成分和经济利益多元化、社会生活方式多样化、社会组织形式多样化、就业岗位和就业形式多样化。在这种严峻形势下，高校德育面临着挑战。这就需要高校德育工作者站在时代发展的高度，重新审视高校德育。当前阻碍高校德育发展的首要问题就是高校现行的德育方法，已经成为影响和制约高校德育发展的主要因素之一。

而对于高校德育工作者来说，当前最主要的任务和最首要的任务就是要加快德育方法创新的步伐，改变传统单一的教育方法，做到理论教育与实践教育相结合，课堂教育与榜样教育相结合，批评教育与表扬教育相结合，因人而异，采取不同的德育方法，从根本上提高高校德育的实效性。

第二，高校德育方法创新，是新形势发展的客观需要。当今世界全球化趋势增强，和平与发展仍然是时代的主题，政治、经济、文化的多极化发展，科学技术的广泛应用，要求必须认清这一时代发展的主要特点，发展中国特色的社会主义事业。这就要求高校应该始终保持清醒的头脑，在借鉴国外先进的管理技术与管理经验的同时，要时刻警惕反动思想的传播，掌握高校德育的主流思想阵地。全方位、多方面地对大学生进行德育，抵制西方少数国家的"分化"思想，因此，在强调高校德育工作的重要性的同时，决定了高校德育方法必须创新，这是新形势下高校德育发展的客观需要。

第三，高校德育方法创新，是保证大学生健康成长的需要。高校德育是为了培养"德""智""体""美"各方面全面发展的高素质人才，学生是高校德育主要的受教育者。但是长期以来，我国的高校德育把学生看作是接受知识的"工具"，忽视了大学生的主体地位，在德育课堂上仍然沿用传统的教育方法，如：单一灌输的教育方法、以"批评"为主的教育方法、"满堂灌"的教育方法。这些德育方法忽视了学生的主导作用，忽视了学生的内心需要，是一种外在的强制性教育，其结果是在一定程度上束缚了高校德育与高校德育方法的发展。因此，只有选择正确的德育方法才能增强德育方法的实效性，取得良好的德育效果，圆满完成德育任务。

因此，高校德育工作，一定要坚持教书与育人相结合，教育与自我教育相结合，坚持政治理论教育与社会实践相结合，坚持解决思想问题与解决实际问题相结合，坚持教育与管理相结合。只有有效地开展德育工作，才能更好地在德育实践的过程中尊重大学生的主体地位，彻底激发学生学习的兴趣，促进学生德、智、体、美全面发展，保证大学生积极、健康地成长，实现德育目标。

第三节　高校德育方法创新的基本路径

高校不仅肩负着为中华民族的伟大复兴和为社会主义建设培养素质高、专业性强的有用人才的主要任务，而且还肩负着传授知识、培养大学生各方面能力、使大学生自觉遵守法律法规，保证大学生服务于社会主义建设的重任。因此，我国高校的发展影响着整个高校德育的发展，乃至成为整个社会普遍关注的重要的课题，高校应制定出德育方法的创新路线，提高德育质量。

一、高校德育方法创新的原则

高校德育方法创新的原则是指在进行德育的过程中，德育必须坚持的原则。因此，研究高校德育方法在创新的过程中坚持的原则是一项比较重要的课题。高校德育方法的创新必须以正确的原则作为指导，结合高校德育发展的实际情况，专家学者提出了很多关于德育方法创新坚持的原则，从社会的发展情况看，根据所掌握的资料，有以下几个必须坚持的原则：科学性原则、主体性原则、层次性原则和有效性原则。

（一）科学性原则

高校德育方法的科学性原则，要求德育遵循大学生思想活动的规律，遵循德育的客观规律性，遵循高校历史发展的科学规律性，克服盲目性与随意性。随着现代科学技术的发展，特别是互联网技术的发展，我国的政治、经济、文化、军事等社会各方面都产生了变化。互联网进入高校以后，对学生的思想观念、生活方式和身心健康等带来了潜在的、深远的影响。原有的德育方法在互联网上完全不适用了，只有及时把握现代科学技术发展的脉络，尽可能地把先进的技术运用到对学生的教育之中，才能跟上科技发展的步伐，也才能增强德育的效果。高校德育工作是对大学生进行教育的工作，因而高校德育工作者把正确的政治观点、政治立场和政治方法放在首位，在实践中接受互联网对高校德育工作的影响，改变传统的德育方法，为此，德育工作者要用"科学的世界观、方法论武装自己，使自己具有正确的思想观点、政治立场、思维方法和教育艺术"。只有这样才能使德育具有强大的感染力、吸引力、说服力和战斗力，提高大学生的德育水平。因此，高校德育方法一定要坚持科学性的原则，只有这样，高校德育才能沿着正确的路线不断向前发展。

（二）主体性原则

人的全面发展，以一种全面的方式，就是说，作为一个总体的人，占有自己的全面本质。坚持贴近实际、贴近生活、贴近学生，努力提高思想教育的针对性、实效性和吸引力、感染力。

然而，当前高校德育与大学生的现实生活脱节，没有贴近大学生思想实际、贴近大学生的实际生活，这样就不能开展有针对性的德育工作，使德育工作无法取得良好的效果。

因此，高校德育方法坚持的主体性原则，应该把着眼点放到对教育对象的主体性培育上，培养大学生的积极性与主动性，知与行不能脱节，不能把德育看成是一种强制教育，应该把德育内化为大学生的德育品质，走出对德育者的依赖，从根本上增强德育效果。

（三）层次性原则

人的发展是有层次的。由于当前国家的快速发展、改革开放的深入人心和普及高等教育，我国高校也发生了很大变化，由"精英教育"发展为"大众教育"，在德育的过程中，德育工作者要注重平时的积累，把握不同的教育对象所具有的不同特点，有的放矢，因材施教，坚持普遍性和特殊性相结合的工作方针，这对于高校德育工作者来说至关重要。

首先，根据受教育者各项综合素质的不同特点，找到适合学生德育的工作方法。伴随着高校大学生人数增多，一些大学生由于生活学习以及社会、学校和家庭等各方面的差异，表现出各种不同的特点。从德育水平来说，大学生整体德育水平比较高，但是由于受到外界的影响，一些大学生对德育水平评价标准产生怀疑，因此，德育水平评价标准的随意性比较大；从互联网的影响看，由于互联网传播信息的方便与快捷，这种新的德育载体更容易被大学生接受，互联网在带来有益信息的同时，消极信息的纷至沓来冲击着一些思想不坚定的大学生；从身体素质和能力素质等因素考虑以及从社会、家庭和学校等诸多因素考虑都可以造成学生之间各个方面综合素质的层次性。

其次，增强德育方法的层次性，应该区别教育对象学习目的的多样性。由于教育对象综合素质的层次性，不同教育对象的学习目的也就不同。在对大学生进行德育的同时，要"分层次、有重点、循序渐进，努力贴近社会、贴近生活，充分调动各部分学生的积极性、创造性和主动性"，使各种不同层次的大学生转变学习态度，真正去接受学习，从而向更远大的目标前进。

最后，认识教育对象的心理承受素质的差异性。由于高校学生群体表现出来的特点，大学生的心理承受能力在近几年也引起广大关注。这就需要高校德育工作认真地研究教育对象，把握教育对象表现出来的层次性的特点，有针对性地解决问题。

（四）有效性原则

高校德育工作在德育实践中一定要注重有效性原则。在德育工作中，一些德育工作者没有充分重视有效性原则，没有利用有效的德育方法解决大学生的实际问题，其结果就会造成德育目标无法得到实现，德育任务无法完成。作为高校德育工作者，在德育过程中，需要及时发现大学生的问题，运用恰当的教育方法，及时解决问题。对待已经出现问题的大学生，更应该深入调查出现问题的原因，找到切实可行的方法，从根本上发现问题并及时解决问题。

高校德育工作是一项系统而又烦琐的工程，仅仅坚持以上四种原则是不够的，它需要各个方面的原则作为支撑，应该做到社会教育、学校教育和家庭教育三者的结合，共同促进高校德育工作的发展，改进原有的高校德育方法，从根本上增强高校德育的有效性。

二、高校德育方法创新的具体内容

（一）坚持生活化教育方法

大学生的成长过程是一个漫长而复杂的过程，德育发展与时代的发展紧密联系在一起，在大学生的日常生活中渗透着德育，德育贯穿于整个大学生活。生活化的德育注重生活实践，因此，应从生活中来，到生活中去。当代高校的德育方法需要改变传统的单一灌输和说服教育的方法，善于突出学生的主体性，组织学生自我教育、自我管理，使高校德育工作真正做到贴近学生、贴近生活实际，引导学生正确地认识自己，不断改善自己的道德认识与行为习惯，在活动实施上突出保护自我心灵，发掘自我经验，关注自我行动，促进自我发展。

高校德育是与时代特点紧密相连的，德育工作者更应从大学生的生活实践中对大学生进行教育，关心大学生的生活，让大学生得到身心的全面教育，在德育课堂上利用"道德两难问题"去启发学生，让学生思考和检验自己的道德立场，反思自己的行为。让广大青年学生真正地从日常生活实践中得到教育。

因此，高校德育方法的生活化，是时代的发展，是社会的进步，是促进高校德育发展的条件。高校德育方法只有贴近现实，贴近生活，贴近社会，才能为社会的发展培养更多合格的高素质人才。新时期高校德育方法应该更加注重生活化的教育，在生活实践中潜移默化地教育广大青年学生，为社会培养德才兼备的高素质人才。

（二）坚持隐性教育的方法

我国高校德育一直以显性教育为主。随着社会环境的复杂多变，仅仅依靠书本知识的教育是不够的，还必须注意在显性教育的影响之外运用一些潜移默化的教育，这样才能提高德育的实效性。

隐性教育作为和显性教育相对立的一个概念，是由西方学者首先提出并具体实施的。关于隐性德育课程，学术界还没有统一的定论。隐性德育课程是指广泛地存在于课内外、校内外教育活动，中间接的、内隐的，通过社会角色无意识的、非特定心理反应发生作用的德育影响因素。简单地说就是学校通过一定的教育环境，对学生进行一种间接的经验的传递与渗透，使学生在潜移默化中接受教育。隐性教育以间接性与隐蔽性为主要特点，是一种潜移默化的教育。

高校德育工作必须以大学生德育品质的形成和发展为基础，大学生受到外界环境各种因素的影响，同时也受到一些环境因素的隐性影响，如社会政治环境、经济环境、文化环境等。对大学生德育的影响一般是非计划性、无目的的影响，虽然没有立竿见影的效果，但是却在无形中形成一种潜移默化的影响，高校环境建设包括物质环境和精神环境。物质环境包括学校的建筑、学校的配套服务设施等，这是保证学生基本的物质需要，是高校必备的物质基础设施。精神环境的建设包括教育者传授知识、校园文化的建设、校园网络管理等。而且随着网络的普及和发展，传播信息的方便性、灵活性、娱乐性和速度快的特点，更能吸引广大高校学生接受网络这个传播信息的新兴载体，更需要高校运用正确的教育思想占据学校的主流文化阵地，构筑健康的校园文化建设，使网络德育与网络德育方法紧密结合，更好地教育广大青年学生，提高他们辨别是非的能力。

作为高校德育工作者，在传授理论知识的同时，要根据时代的发展变化，开展具有时代特色、现实感和历史感特点突出的理论课程，强化历史观念和爱国情感，用事实和网络开展生动、鲜明的社会实践和理论讲座，从不同的学科去理解知识涵盖的不同意义。在不同学科的教育中渗入德育观念，培养大学生用积极、乐观的态度去探索知识，去对待学习、工作和生活。这是高校德育工作者肩负的重要责任。

因此，高校应该开展一些互动性和娱乐性比较强的文化活动，使大学生在耳濡目染中受到德育的熏陶和影响。另外，利用德育中的一些如大众传媒、网络载体，对大学生进行宣传教育，发挥德育的隐性影响，使大学生在德育品质、情感培养和行为方式等方面受到潜移默化的教育，从而完成德育任务，实现德育目的。

（三）坚持自我教育的方法

自我教育法是受教育者按照思想教育的目标和要求，主动提高自身思想认识和道德水平以及自觉改正自己错误思想和行为的方法，简单地说就是人们自己教育自己，自己做自己思想政治工作的方法。

大学生健康成长不仅需要外在的教育，还需要大学生自己对自己的约束和管理，不仅要接受课堂教育，还需要进行自我教育，即自我认识、自我监督、自我调适等方面的发展，也就是一个自我教育的过程。而自我教育恰恰就是为了提高自我约束、自我控制和自我管理的能力。

高校德育工作者的首要任务就是培养大学生自我教育的能力，为自我发展创造条件，增强德育的实效性，达到德育的目的，完成德育的任务。德育工作者在大学生的学习和生活中，应该采取自我批评、自我表扬和自我激励相结合的方法，充分发挥学生学习和参与实践活动的积极性与主动性，加强大学生自我管理和自我服务的能力。在实践中，德育工作者还要善于运用榜样的力量和先进事迹的影响作用，使学生既有奋斗目标又有赶超的态度，从而提高学生的自我教育能力。

第四节　高校德育创新对策

人是环境与教育的产物，"环境是由人来改变的，而教育者本人一定是受教育的"。同时，"既然人的性格是由环境造成的，那就必须使环境成为合乎人性的环境"。所以，在大众化教育的新时期，在构建社会主义和谐社会的背景下，如何创新高校德育环境，使其充分发挥育人作用，是目前面临的重要课题。从实践来看，需要从高校德育的观念、内容、方法及管理队伍上进行德育创新，需要从高校、家庭、社会环境上进行德育环境创新。

一、大众化背景下高校德育的创新对策研究

（一）创新德育理念、更新德育观念

多年来在德育方面所形成的德育观念和理念是与传统的计划经济体制一脉相承的，在社会实践发生重大变革的今天，德育观念和德育理念也必然要求有所创新。

1. 确立德育新理念

以新时代中国特色社会主义思想作为指导思想的德育新理念使高校德育的认知性、社会性和创新性得到丰富和发展；使高校德育的认知性不再是简单进行道德行为教育，而是重在道德认知，把重点放在培养大学生道德判断、道德选择和自我道德修养能力的提高上；使高校德育的社会性更加广阔，能够将高校德育与社会及现实生活紧密交融在一起，依据社会需求和不同大学生群体的生活实践开展德育；使高校德育的创新性更富于变化发展，能够根据大学生和社会时代的发展变化进行德育诸要素的更新，从而在新时代中国特色社会主义思想中为大学生的全面发展提供精神动力支持。

2. 确立构建社会主义和谐社会的德育新理念

大众化教育背景下由于大学生群体的多样性，以构建社会主义和谐社会作为高校德育的新理念是大众化高等教育的必然要求。建设社会主义和谐社会要求德育和谐，能够使高

校德育突出引导、协调和化解的功能，帮助不同群体的大学生正确处理人与社会、自然以及他人的关系，协调大学生自身利益要求，关注大学生中的弱势群体，化解大学生中出现的非对抗性的矛盾与冲突，营造和谐的德育环境，促使大学生成为构建社会主义和谐社会的中坚力量。

3. 确立开放、适度超前"大德育观"的德育新观念

大众化教育时代，多种生活方式、多元价值观念对教育对象的冲击越来越大，多样的大学生群体的教育背景越来越复杂，大学生的思想越来越活跃，它要求高校德育者必须努力更新德育观念，从封闭的德育观转变为开放的大德育观。所谓"大德育观"即全方位的德育模式，是指把高校德育的内容、原则、方针同各种载体、媒介结合起来，不断开拓德育领域，有效整合德育资源，使德育切实落实到大学教育的每一环节，从而形成一种无形的力量感染、熏陶多样化的大学生群体。

4. 确立当代"终身德育观"的德育新观念

教育终身化、社会化是社会发展的必然趋势。随着大众化教育的来临，高校办学形式多样化和培养目标多样化使现代德育不仅贯穿大学教育阶段，也贯穿于职业教育、成人教育等各类教育，贯穿于家庭教育和社会教育各个方面，德育将伴随人的终生。实现从传统学校德育观向现代德育终身化、社会化观念的转变，是德育工作者的必要意识。

（二）创新德育内容，提高德育实效

在继承和发扬以养成教育为突破口，高扬爱国主义教育主旋律的德育传统的同时，创新符合人类进步和社会发展要求的新时代的德育内容。进行公平竞争观念的教育，让学生了解优胜劣汰并反对不正当手段竞争的德育内容；进行利益观的教育，教育学生关心我国的经济建设，但反对一切向钱看；进行平等、互助观念的教育，教育学生能正确处理个人、集体、国家利益三者之间的关系；进行良好个性养成的教育，教育学生彼此尊重、互相关心、交流合作和共同提高；进行法治教育，让学生受到规范的法治教育，教育学生守法光荣；进行心理素质教育，让学生知道首先要成为一个身心健康的人，然后才能成为一个全面发展的人；等等。

（三）创新高校德育管理体制

大众化教育时代，为应对社会环境的变化就要改革高校内部管理体制，而在高校改革中要加强高校德育体制的创新，还应重点加强服务育人体系，组建包括就业指导、勤工助

学、心理咨询、校内外活动等在内的学生服务联合体，建立服务育人新模式，使高校德育与高校管理趋于一体化。高校管理科学化的发展，将日益重视人力资源的开发，实行以育人为中心的人本管理，将充分重视学生思想道德素质的优化、文化素质和科技素质的提高、心理情绪的调节，也将重视提高学生的学习主动性、积极性和创造性。这样，德育应更加有机地融合在教学、科研、行政管理之中。高校德育，也要把科学管理作为自己最基本的载体。注意与行政手段、经济手段、法律手段有机结合。形成管理和教育相统一，制度规范与个性发展相统一，民主性与集权性相统一的运行格局，并建立与之相适应的竞争、评价、激励、约束等机制，进一步强化高校德育与高校管理一体化发展趋势。

（四）进一步加强高校德育工作队伍的建设

为适应高等教育大众化发展的需要，加强高校德育工作队伍建设，关键是建设一支政治强、业务精、纪律严、作风正的德育工作队伍。在新的时代背景下，面对西方各种文化思潮的渗透，德育工作者必须不断提高自身素质，必须具备更高的政治责任感、政治敏锐性和政治鉴别力，必须不断调整、充实和提高自身的知识结构和思维水平。

二、大众化背景下高校德育环境创新对策研究

（一）优化高校德育环境

1. 建立新型的师生关系是优化高校德育环境的前提

在大众化教育时期，教师与学生的关系虽然有所弱化但仍然是学校生活中最主要、最基本的关系，它直接影响着学生的心理状态。建立新型的师生关系的关键是教师，因为教育教学活动是在一个"环境"的氛围内展开的，教育教学的物质环境、社会环境、心理环境……无时无刻不在影响学生个性的各个方面。在这些因素中，有相当部分来自教师本身或教师的行为，所以，教师的责任感、能力及对学生的态度、各级领导和政工人员的党性观念、思想作风、工作方法，所有这些因素决定着高校德育环境的基本性质。教师要有目的、有针对性地改善这些因素，重视心理环境的营造与运用，通过引导学生去体验、感知和反思，使德育成为一个双向交流、心理相融的过程，使学生在融洽的氛围中不知不觉地受到启迪与教育。这对于提高学生的思想道德素质、改善学校的德育环境具有重要意义。

2. 德育过程的情境化是优化高校德育环境的基础

在大众化教育的高校里，由于大学生群体的多样化，思想的多元化，大学生具有反叛

意识强烈的个性特征。而德育情境化却能达到"润物细无声"的德育效果。所谓德育情境化，是要求学校德育的信息输出应融于学校的一切活动中，尽可能以自然的方式，从学习、社会实践甚至娱乐，对物质环境、精神生活以至人文氛围，以自然的形式孕育德育的内涵，减少刻意的人为痕迹，注重创设情境和氛围，以促使学生个体产生内在的需要和情感上的共鸣，从而主动地去实现自我教育的目的。

3. 校园环境的美化是优化学校德育环境的保障

环境育人是学校全面推进素质教育的重要部分。学生在校时间均生活在校园环境之中，学生的精神面貌、文明行为、思想道德无不受环境的影响。创造一个良好的育人环境，能让师生在工作、学习中耳濡目染，接受良性熏陶，使其对学生文明行为、良好品德的形成起一种潜移默化的作用。通过将校园打造为和谐、优美、洁净、绿色的富有教育意义的环境空间，在培养学生环境意识、环境伦理、环境价值观的同时，使学生在潜移默化中净化心灵空间。心理学认为，自然环境对人的影响主要是通过客观现实对人的心理产生影响，如诗如画的校园风光、布局合理的校园建筑、整齐光洁的校园甬道、美观科学的教室装饰、文明健康的文化教育设施，无不给师生以巨大的精神鼓舞。

（二）发挥家庭教育的优势

相对精英教育而言，大众化教育时期的高校对学生的"管制"相对放松，而建立家庭和学校开展学生心理健康教育沟通的渠道，优化家庭教育环境，是提高学生心理健康水平，增加高校德育和大学生心理健康教育效果的重要方式和途径。学生心理问题的产生和发展，家庭环境、家庭教育是不可忽视的因素，所以学校教育与家庭教育的积极相互配合，将会使大学德育工作事半功倍。因此，学校要引导和帮助家长树立正确的教育观，改善家庭环境，以良好的行为、正确的方式、和谐的气氛去影响和教育子女，这样有利于大学生良好道德素质的养成和心理素质的提高。

（三）构建以高校为主力的德育环境

面对大众化教育的时代特点，全社会都应充分认识到大学生思想道德建设这一战略任务的重要性和紧迫性，要以高校为龙头，以家庭为基础，以社会为平台，切实构建高校、家庭和社会"三位一体"的德育环境，整合各种德育资源，凝成德育合力，共同营造有利于未成年人健康成长的良好环境。

高校德育环境建设不是一个独立的过程，随着经济全球化、信息网络化的发展，它与社会、家庭的关系更为密切。高校应积极发挥主体意识加以调控优化。通过高校有目的的吸收、筛选、调节和整合，实现德育过程的互动，从而构建一个优化的高校德育环境。高校对社会、家庭环境的调控主要有三种方式：

一是吸收。吸收社会和家庭当中的合理成分和有益养料，以此丰富学校德育的内容，增强学校德育的活力。

二是筛选。社会和家庭影响的良莠相伴、优劣杂糅决定着德育实施中筛选的必要性，通过筛选，达到去伪存真，合理发挥其积极影响，尽量克服其消极影响。

三是调节整合。高校应主动自觉地对各种不良影响进行调节，并且根据大学生道德发展的需要重新整合构建，以形成共同的作用力与正向合力。

在对学生进行道德教育的过程中，三者应加强联系，相互适应，形成联动，从而沟通学校环境、家庭环境和社会环境之间的联系，达到过程的优化，形成环境影响的教育合力，充分发挥德育环境的整体教育作用。

总之，中国特色的社会主义事业要靠青年一代去继承和创造，而青年一代的素质培养则需要我们共同去创造一个和谐的高校德育环境、一个和谐的社会环境。因此，必须深刻把握时代特点和大学生的思想实际，在社会主义和谐社会的理念下，加强高校德育环境建设，共享和谐良好的德育氛围。

第六章　新时代背景下高校德育实践的新境遇

第一节　互联网时代的基础认知

一、"互联网+"的概念

20世纪80年代，互联网诞生，这项当初只是为了能提供一个通信网络的设计发明，在随后的高速发展中，掀起了一场前所未有的信息技术革命。进入21世纪，随着互联网在我国的进一步发展，"互联网+"的出现仿佛是历史的必然，彻底改变了人类文明中的各种关系。

应该说"互联网+"是典型的中国符号（Chinese Symbols），它的出现是互联网高速发展的必然趋势，是我国社会经济可持续发展的阶段性产物，它的产生将不仅改变国家的命运和人民的生活，甚至对未来的人类社会、世界文明都将产生积极的影响。

简单地说，"互联网+"就是"互联网+传统行业"，互联网作为一个基础行业，为传统行业提供基础服务，从而产生新的行业驱动和发展态势，因此，"互联网+"其实是一种思维意识和方法论，是社会各界用"互联网+"的意识来推动行业转型和升级的方法论。"互联网+"的这种相加显然不是"一加一等于二"，实际效果是"一加一大于二"。如今，"互联网+"的例子在我们生活中已经不是新鲜的事物，各行各业、生活的方方面面早已经被"互联网+"的模式占领。

二、"互联网+"时代的特征

（一）跨界思维创造无限开放的生态环境

说到"互联网+"的特质，如果用最简单的一句话来表述的话，就是：跨界融合，连接一切。"互联网+"的"+"其实代表的就是一种跨界的思维和开放的态度。这种跨界思维，不仅仅局限于业界的融合和跨越，更多的还表现在行为方式上的跨越，所以"互联网+"为我们带来的不仅仅是新业态的产生，而更多的是在思维方式上的改变，这种改变足以产生新时代所必需的开放的生态环境。

1. 开放生态是"互联网+"时代的核心特征

"互联网+"时代是一个没有边界的世界，所有原本封闭的系统都将被打开，人们以开放的态度去思考和设计新的行为模式。所以，"互联网+"行动计划的核心是生态计划，重塑生态是改革不断深化的重要保障。在这个开放的生态中，社会生活的形式在变，人们生活的方式在变，社会组织的习惯也在变，所以，所有组织、机构、个体思考方式的改变势在必行。

2. 跨界思维成为创新驱动的重要因素

"互联网+"时代个体面临的环境发生了很大的变化，新业态的形成与跨界的思维有极高的相关度，可以说没有任何个体甚至是组织能够固守在自己的领域。跨界不是目的，而是增加活力和再生能力的必然选择。跨界思维已经成为"互联网+"时代流行甚至是固定的行为方式。这种整合协同、提高效能、互融互通的思维方式成为激发社会能动性和创造性的重要驱动因素之一。这种跨界融合已经以一种势不可挡的浪潮席卷了所有的传统产业，各行各业都不得不审慎思考、积极谋划如何打破传统的壁垒，用跨界思维驱动创新，造就充满活力的新业态。

（二）重塑结构成就稳固高效的社会关系

随着社会信息化和全球化发展的不断深入，当互联网开始走入我们的生活时，它就已经逐渐打破了原有的社会结构、关系结构、文化结构等。结构被重塑的同时带来很多要素，如权利、关系、连接、规则和对话方式的转变。"互联网+"时代不仅带来了开放的生态环境，重塑结构也给社会带来了深远的影响，颠覆了原有的社会关系和游戏规则。

1. 封闭和垄断的格局被彻底打破

共享精神是"互联网+"时代的另一个重要标志，封闭的、垄断的边界被强制打开，信息获得和资源分配的民主化进程，推动社会发展的不断加快、放大，产业更替越来越快。传统的行业、结构、管理、竞争优势逐渐消失。在"互联网+"时代，封闭和孤立的行为，只会陷入与世隔绝的鸿沟，传统的人力优势、结构优势、管理优势等都或许会成为发展的羁绊，转型和变革势在必行。

2. 契约精神与信任关系是核心竞争力

"互联网+"时代塑造了弱关系社会，促成了不同个体和群体之间产生联系的可能。"互联网+"行动计划的落脚点在于建立连接一切的生态系统，连接的对象包括行业、机构、技术、平台、个体等，连接一切也成为计划开始的起点。处在"互联网+"时代的人、机构、平台，必须遵循新的议事规则和动态协议，要想保持可持续发展的势头，并处于不败之地，建立良好的契约精神和信任关系是最重要的条件之一。

三、"互联网+"时代的标志性技术

新一代信息技术的发展为传统产业的生态融合提供了坚实的技术保障，特别是近年来诞生并飞速发展的云计算、大数据、新媒体等信息技术，为各行各业的换代升级提供了新的驱动力，使各行各业的创新发展充满无限可能。

（一）云计算

1. "云计算"的概念

近年来，"云计算"成为互联网界炙手可热的一个技术名词，它改变了互联网的技术基础，影响着整个产业的格局，因此人们纷纷开始研究云计算和它能够带来的服务。对这个新概念的定义有很多种说法，百度百科的解释是，云计算（Cloud Computing）是基于互联网的相关服务的增加、使用和交付模式，通常涉及通过互联网来提供动态、易扩展且经常是虚拟化的资源。而现阶段被广泛接受的定义是：云计算是一种按使用量付费的模式，这种模式提供可用的、便捷的、按需的网络访问，进入可配置的计算资源共享池（资源包括网络、服务器、存储、应用软件、服务），这些资源能够被快速提供，只需投入很少的管理工作，或与服务供应商进行很少的交互。如果我们想要完整地认知云计算，应该从服务和平台两个方面去理解，即云计算涵盖云计算平台和云计算服务这两个概念，通过搭建平台，可以将大量计算资源集中起来，协同工作，对上层服务的运行进行支撑。

2. 云计算的优势及运用

当云计算这个新兴的技术概念开始被公众所热议时，实际上，它的出现早已经改变了互联网的游戏规则，人们使用计算机和互联网的方式发生了改变，一个新的计算时代已经到来，信息技术产业的变革风云再起，云计算带来的不仅仅是技术服务提升，更多的是基于互联网增值服务能力的提升。

其一，云计算提供前所未有的互联网优质资源。基于云计算的技术优势，它将为用户

提供大规模、可扩展、定制化的互联网资源。云计算拥有成千上万台服务器，可以为用户提供每秒 10 万亿次的难以想象的计算，这么强大的计算能力可以模拟核爆炸、预测气候变化和市场发展趋势；云计算提供的资源是弹性可扩展的，可以动态部署、动态调度、动态回收，以高效的方式满足业务发展和平时运行峰值的资源需求；云计算可以根据用户的需求，提供对应的数据资源，用户可以通过个人电脑、手机等移动终端接入数据中心，按照个性化的需求进行运算。

其二，云计算提供绿色、高效的优质服务。云计算通过虚拟技术缩小设备数量规模，关闭大量的空闲计算机终端，避免了庞大的电力资源等关联资源的浪费，同时，可扩展和定制化的服务为用户省略了软硬件的建设环节，节约了大量的人力、物力。云计算技术对服务器和资源存储实现了集中化和专业化的管理维护，用户可以随时随地通过互联网获取所需的资源和服务。它的优势在于，就像在日常生活中购买的油盐酱醋一样，用户只是根据自己的需要去买，而不需要自己去生产，如此，让用户获取资源和服务的自主性更强，就算再多的用户量，获取流程也很简单、有序，有效地提高了运维效率。

（二）大数据

1. "大数据" 的概念

随着互联网的不断发展，网络上的数据需求呈现出爆发式的增长，互联网公司所要运用和处理的数据量越来越大，种类越来越多，数据流转速度也越来越快，在这一背景下，一种全新的数据框架和技术诞生了。百度百科对大数据的解释是：大数据（big data），指无法在一定时间范围内用常规软件工具进行捕捉、管理和处理的数据集合，是需要新处理模式才能具有更强的决策力、洞察发现力和流程优化能力的海量、高增长率和多样化的信息资产。结合当前大数据的广泛使用，可以看出 "大数据" 既是一个名词，也是一个动词，作为名词它指代的是在互联网上高速流转、海量多样的数据信息，作为动词它指的是用大数据的思维分析解决问题的技术过程。

2. 大数据的优势及运用

大数据浪潮汹涌来袭，与互联网的发明一样，这绝不仅仅是信息技术领域的革命，更是在全球范围启动透明政府、加速企业创新、引领社会变革的利器。大数据将是下一个社会发展阶段的石油和金矿①。大数据的优势及便利越来越为政府、企业和人们所熟知和重视，大数据被广泛地运用到政府、商业和人们的生活当中。

首先，海量多样的大数据彰显现代社会的信息自由和开放。与传统数据相比，大数据最显著的特征是海量多样，就目前大数据技术架构所处理的数据来看，量级一般都是在PB级别以上的数据（1PB相当于50%的全美学术研究图书馆藏书信息内容)②，这是传统数据无法比拟的。大数据的类型多样也远远超越了传统数据，数据不仅仅包括单一的文本或表格，更是丰富了音视频、微博、日志等各种数据形式。如今，互联网已经进入新的时代，个体用户作为数据的接收者和使用者，信息的获得更加体现了个体的意志和喜好，获取数据的需求被充分地满足，获得知识的信息量越来越大。同时，作为数据的创造者和发布者，可以自由地与其他组织和个人交换信息，大数据带来的信息自由度和开放度越来越高。

其次，高级高效的分析将挖掘出大数据的潜在价值。大数据较传统数据的重要特征在于体量大、种类多、运转快，正如涂子沛先生在所著的《大数据：正在到来的数据革命，以及它如何改变政府、商业与我们的生活》一书中所说，"除了上帝，任何人都必须用数据来说话"。如果能够及时地、有针对性地进行数据的分析，如此巨大的大数据将为政府、企业和个人提供有效可靠的决策依据。在未来，大数据将成为像空气和水一样的自然资源，大数据风暴所带来的机遇和变革将使每一个重视它的人受益匪浅，它的力量将无处不在。而海量的大数据如何被筛选、提炼，最后留下最有价值的部分，成为人们必须关注和解决的问题。这对数据的分析显得尤为重要，只有利用正确有效的分析方法才可以将大数据的潜在价值发挥得淋漓尽致，这也是大数据给互联网带来的新的命题。

（三）新媒体

1."新媒体"的概念

所谓媒体是指人们借助于用以传递信息与获取信息的工具、渠道、载体、中介物等一切技术手段。互联网的发展使人们生活的各个方面都发生了深刻的变化，能够传播和获取的信息越来越丰富，能借助的技术手段也越来越多，技术的发展让新媒体应运而生。关于新媒体的定义，国内外的专家、学者都有自己的见解，但目前学界和业界尚未达成共识。

① 涂子沛. 大数据：正在到来的数据革命，以及它如何改变政府、商业与我们的生活 [M]. 桂林：广西师范大学出版社，2014：58.
② 赵刚. 大数据：技术与应用实践指南 [M]. 北京：电子工业出版社，2013：8.

新媒体是一个通俗的说法，严谨的表述是"数字化互动式新媒体"；从技术上看，新媒体是数字化的；从传播特征上看，新媒体具有高度的互动性①。随着互联网的高速发展，网站、博客、贴吧、微博、微信、直播等信息交互技术层出不穷，这些都被认为是新媒体。所以，新媒体是信息技术飞速发展的产品，是基于数字技术、网络技术的发展，以电脑、手机、数字终端为载体，向用户提供信息和娱乐服务的一种传播形态。

2. 新媒体的优势及运用

从媒体形态上讲，新媒体其实是传统媒体的升级，只是基于传播技术的革新而发生了变化。新媒体之所以能够出现并迅速获得关注和追捧，在于它充分顺应了互联网时代的开放性、多元化、人性化的时代特征，它以一种全新的理念和模式服务着、改变着人们的生活。能够准确地把握新媒体的时代特征，并充分利用新媒体的新优势，将会成为各项事业占得先机的关键所在。

首先，新媒体的传播形态使信息传递变得更加便捷和高效。新媒体是在互联网技术飞速发展的基础上产生的，互联网共享着全世界的信息资源，新媒体包罗万象的信息量不是传统媒体可以比拟的。新媒体的传播形态决定着它不受时间和空间的限制，只要有网络的地方就能实现新媒体的传播。新媒体数字化传播的特征，实现了其即时更新和同步传播的功能，让信息传播的速度更快，信息交流更加直接、高效。同时，结合互联网的检索技术，新媒体也具备了信息选择性获取的特性，比传统媒体的一一查找、翻阅更加快捷。此外，网络传播让新媒体的传播打破了地域和疆界的限制，传播成本降到最低，全球任何地区的用户都可以利用网络便捷地选择自己需要的信息，增加了信息传递的开放性和自由度。新媒体以一种人类历史上前所未有的传播能力和覆盖范围，将地球人拉入新媒体的客观环境之中且自觉或不自觉地都变成了受众，并对其施加持久而深刻的影响②。

其次，新媒体引发的传播沟通方式变革更加彰显了媒体价值。新媒体的"新"不仅仅体现在新的技术和新的形式上，理念上的"新"才是新媒体的"新"之所在。新媒体的传播沟通方式变革基于受信者的需求特性，互联网的普及与发展深刻地改变着人们的生活方式、学习方式和娱乐方式，基于人们通过媒体获取信息的形态更加人性化和个性化，新媒体的传播方式也更加细分化和碎片化。以笔记本电脑、手机客户端等移动通信设备为载体的新媒体，其传播形式更加能够契合受信者的生活习惯，满足受信者获得信息、消化信

---

① 匡文波. 新媒体概论 [M]. 2 版. 北京：中国人民大学出版社，2015：4.
② 季海菊. 新媒体时代高校思想政治教育研究 [D]. 南京：南京师范大学，2013：25.

息和传递信息的需求，实现媒体本身的价值。同时，新媒体环境下传播沟通的互动性被强调、放大，信息传播主体更加多元，信息传受双方的交流也是双向的，如网民在浏览新闻信息时，可以进行互动留言点评，表达自己的意见，独特的见解往往能够迅速引起共鸣，而且个体能够利用新媒体技术随意对话相关的主流媒体、政府部门、名人、官员等，形成较大的社会影响和效应，网络个体的传播能量被放大。通过这种传播沟通方式，我们可以洞察受信者的观点、论调、价值观，了解受信者的分化情况，找到优化信息传播的路径。因此，新媒体环境塑造了新的传播格局，把握好传播沟通方式的变革规律和特性，是充分实现新媒体媒体价值的关键。

总之，包括云计算、大数据和新媒体在内的众多新兴信息技术，为各行各业的创新发展提供了无限的想象空间。各行各业只要积极探索和研究这些新兴信息技术带来的创新发展路径，将"互联网+"时代带来的"阵痛点"转化为行业升级的"转折点"，就能够不断推进各领域与互联网的融合发展，面对"互联网+"时代带来的挑战游刃有余，处于不败之地。当然，这些新兴的信息技术同样为高校德育实践创新发展提供了广阔的空间，在实践的内容、方法、途径等方面的创新都将面临质的飞跃，从而为构建新的高校德育实践创新模式提供了可能。

第二节 高校德育的实践

一、概念

单纯从字面上理解，简单点说，高校德育实践就是高等院校为了达成德育目的而进行的实践活动，要界定"高校德育实践"的概念，首先我们要理清"德育""实践"两个概念。

（一）德育与高校德育的内涵

德育是各个社会所共有的教育现象，它是随着社会的发展变化而不断变化的，它与人类社会共始终，具有鲜明的社会性、历史性和阶级性。目前，我国教育界对德育概念的研究和解释依然是多种多样，得到广泛认同的是广义上的德育概念，指的是所有有目的、有计划地对社会成员在政治、思想与道德等方面施加影响的活动，包括社会德育、社区德育、学校德育和家庭德育等方面。我们认为德育是指教育者按照一定的社会或阶级要求，有目的、有计划、有系统地对受教育者施加思想、政治和道德等方面的影响，并通过受教育者积极的认识、体验与践行，以使其形成一定社会与阶级所需要的品德的教育活动，即教育者有目的地培养受教育者品德的活动。

在此所指的高校德育，是指高等学校根据社会发展和学校教育工作的实际需要，在马克思主义和中国特色社会主义基本理论的指导下，有目的、有计划、有组织地对大学生进行政治素质、思想品德、道德规范、法制精神、心理健康等方面的教育，从而培养德才兼备、全面发展的社会主义合格的建设者和可靠的接班人。

（二）实践与高校德育实践的内涵

"实践"是一个哲学名词，代表一个哲学概念。实践有着诸多的含义，经典的观点是主观见之于客观，包含客观对于主观的必然，以及主观对于客观的必然。可见，实践就是人们能动地改造和探索现实世界一切客观物质的社会性活动。实践具有客观性、能动性和社会历史性的特征。高校德育实践不只是简单的社会活动和实践，还应该包括课程学习、生活实践、社会体验等多个方面的内容，具体来讲应该包含两个层次的内涵：

第一，高校德育实践实质上就是大学生在教师的帮助和协助之下，通过一定的途径和方式学习、掌握和实践德育内容，并内化为自身素质的过程。从这一角度看，高校德育实践涵盖了大学生提高自身素质的过程中所要经历的一切环节和过程，包括德育课程、实践体验、文化营造等。

高校德育实践包括大学生的课堂学习、生活体验、自我实践等多个环节，这一层面的德育实践环节目的清晰、指向明确，教师通过教授知识和协助学生自我实践的方式，达到德育的目标和效果，是高校德育实践的主要途径和渠道。

第二，高校德育实践也包括德育环境和氛围对大学生的影响和熏陶。高校德育工作是在一定的环境下开展并得以实现的，这里面既包括社会的大环境，也包括学校的小环境，还包括学院、班级以及朋辈之间的微环境。在全体教职员工构建起来的这种德育环境下，学生能够自主感受到其中蕴藏着丰富的德育内容，并不自觉地受到这种理念或者说整体精神面貌的熏陶和影响，进而把一系列的思想品质和道德素养都内化于心，其所达到的德育效果极其深远。

二、高校德育实践的主要途径

高校德育实践作为高校德育工作的一个重要组成部分，是一项系统的工程，高校德育实践必须通过具体的德育途径来达成德育目标。德育实践囊括了高校教育管理活动的方方面面，贯穿于学生学习、生活和娱乐的始终，充分体现出过程化、人性化和系统化的设计理念。综合起来，高校德育实践主要包括以下三个途径：

（一）以课程教学为载体的课程德育

在高校德育实践中，课程德育是高校德育实践的主要途径之一，课程教学是大学生学习德育知识和内容最主要的渠道，在高校德育实践过程中起着举足轻重的作用。在我国现阶段，很多学者都在对德育课程的理解上达成了共识，这也为高校德育课程的进一步研究奠定了良好的基础。

学者们把德育课程界定为：一切具有道德教育性质、道德教育意义和作用、对学生品德发展有影响力的那些教育因素。具体说来，高校德育课程是指普通高等学校根据社会的需要和高校学生的实际情况，组织师资力量，专门开设的有目的、有计划、系统地对学生进行思想观念、政治法制、道德修养、心理健康等方面教育的学科课程。

高校德育课程作为高校德育实践的重要组成部分，与其他德育实践途径和载体相比较，在德育的过程和效果上有独特的功能和优势：

第一，德育内容具有较强的系统性和理论性。高校德育课程的教学是一个循序、系统、连贯的实施过程，能够保证学生获得系统的知识，获得对客观世界的规律性的认识，并有利于学生对知识的理解。

第二，德育过程具有较强的逻辑性和导向性。高校德育课程的目的是帮助学生确立正确的价值观念、纠正错误的态度，以及形成正确的道德信念和行为方式，这就使得德育课程的教学内容安排和德育目标的实现具有较高的逻辑性，课程的设计和组织遵循一定的层次和顺序，德育课程的内容随着学生价值观念的提升和学习能力的提高而逐渐变化，整个德育过程是一个由浅入深、由感性到理性、由具体到抽象的过程。

第三，德育效果实现具有较高的保障性。在高校德育实践的各种途径和载体中，德育课程的建设和实施具有完备的保障体系：在德育课程的建设上，有明晰的课程目标，包括教研室的建设、教学大纲的制定、教学资源的统筹、教学研究计划的实施、教师能力素养的提高培训等多方面的综合建设；在德育课程的组织实施上，有固定的选课流程、教学场所、教学安排、课堂签到、课程评价体系，整个德育课程无不体现着过程化的教育痕迹；在德育过程的效果把握上，德育课程的教学师资队伍以思想政治理论课教师、专职辅导员为主，兼职辅导员和部分党务干部为辅，这一群体作为授课教师，他们对课堂的把握能力和知识的传授水平保证了德育课程良好的教学效果。

（二）以校园文化为载体的文化德育

校园文化是校园内历史形成、趋于稳定的传统意识形态，校园文化的德育功能要通过一定的载体和方式才能得以实现，基于对构成校园文化的几个层次的解读，校园文化德育的主要载体和方式包括：

第一，外部环境。外部环境能提供大量的视觉提示，不仅能够打开学生的思维，排解忧郁的情绪，哪怕是一处花木的芳香味，便能使人精神舒畅、思维清晰和敏捷；同时，它能非常自然地影响学生的情感、意志、态度、价值观念等。学生在获得一种赏心悦目的精神享受时，会产生一种归属感和凝聚力，激发其内心的集体荣誉感、使命感和责任感。

第二，校园精神。校园精神是校园文化的灵魂和最高体现，校园精神具有明确的目标，是引导全体师生的无形力量，在学生理想信念的树立、价值观的塑造、思维方式的培养上有举足轻重的作用。

第三，实践活动。实践活动旨在使学生在实践中受到教育，增长知识和才干，这是高校德育实践过程中的重要环节，对于促进大学生了解社会、了解国情、增长才干、贡献社会、锻炼能力、培养品格、增强社会责任感具有不可替代的作用。实践活动也是提高大学生个人能力和综合素质、促进大学生全面而自由发展的有效途径之一。

第四，管理制度。校园的管理制度深刻地影响着全体师生员工的行为规范。大学校园的管理制度不仅在高校人才培养、协调群体关系、保障文化氛围、提高校园文化的凝聚力等方面起到非常关键的作用，而且深刻地影响着人们的物质生活和精神生活。由此可见，高校制度文化对于高校德育工作的影响也是极其深刻的。

（三）以管理服务为载体的管理育人

高校管理育人的主体应该包括学校各单位和组织、教职员工群体、学生群体等，不同的管理过程中，管理主体则不同。比如在学校后勤保障、教务服务等综合管理的过程中，学校的单位和教职员工就是管理的主体；而在部分学生事务管理中，学生通过信息化的手段进行自助服务和自我管理的过程中，学生自己就是管理的主体。高校管理育人的主要内容包括学生的政治素养、道德品质、文明礼仪等在内的所有高校德育内容，这些德育内容在高校管理服务的过程中得以实现。值得注意的是，高校德育实践中管理和服务从育人的角度来讲应该是一体的，是相辅相成而不是割裂开来的，管理和服务遍布在学生学习、生活的整个时间和空间里，因此，管理和服务是高校实践育人的重要途径和载体。高校管理育人的媒介包括制度政策的规范和引导、校园关系的示范和感染、实践流程的教育和塑造等各个方面。

综上所述，高校管理育人的内涵可以解释为：高校管理部门、教职员工和相关人员借助一定的途径、载体和手段，有计划、有目的地对管理主客体进行政治素养、道德品质、文明礼仪等综合素质的培养，以达到学校德育目标的过程。高校管理育人是学校全员育人、全方位育人、全过程育人的重要环节，是高校德育实践的重要途径之一。

第三节　互联网时代高等教育面临的新环境

随着我国社会改革发展的不断深入，"互联网+"行动计划应运而生，它不仅从政府行为和企业行为上要求互联网必须与社会生活的方方面面（包括经济）进行深度的融合，迫使各行各业以"互联网+"的思维开始变革，而且更加深刻地改变着人们的学习、工作、生活、社交方式。

当几乎所有的行业都被迫改变以往的面貌，形成新业态的时候，"互联网+教育"的命题也必然地摆在了政府、高校和学子面前。对高等教育而言，"互联网+"时代带来的新环境不容忽视，高等教育面临的外部环境对师生的行为方式、教育资源的优化配置、教学方式的创新、管理服务的水平提升等产生了极大的影响，只有深入洞悉"互联网+"时代给高等教育带来的新变化，才能使高等教育的发展处于更加主动和有利的位置。

一、行为方式个性化

"互联网+"时代尊重人性的本质特征决定了在这个时代每一个人的智慧和价值都会受到尊重，个人的能动性和创造力都彻底被激活，个人行为的独立性和独特性也得到放大。在这一影响下，高校师生的学习方式、生活方式、实践交流等行为方式也表现出前所未有的网络化、自主化和个性化。

（一）生活方式趋于网络化

自从互联网走进我国社会生活以来，社会的发展方式和人们的生活方式就受到了深刻的影响，发生了巨大的变化，特别是以云计算、大数据、移动通信技术、新媒体技术等新一代信息技术为核心技术的"互联网+"时代的到来，彻底颠覆了传统行业的业态，随之也彻底改变了人们的生活方式。"互联网+"的理念不仅给传统行业带来了新生，也给人们的生活带来了前所未有的便利，与此同时，人们对互联网的依赖自然也越来越深。

在高校这样一个知识背景深厚、适应性和学习能力强的群体里，互联网的运用和传播速度可想而知，高校师生在充分享受互联网带来的前所未有的便利时，生活方式也随之发生着变化。可以说，尽管互联网给人们生活带来的变化有利有弊，但高校师生对互联网的依赖性还是越来越强，这种生活方式趋于网络化的发展趋势不可阻挡。

（二）学习方式实现自主化

自主性的学习方式是学生根据自身的条件和意愿选择学习过程的方式。自主性的体现在于学生能够按照个人的实际状况和意志，对自身的学习过程独立做出判断、设计和决定，随后由学生自主推进学习进程。"互联网+"时代在外部环境、思维方式、技术手段等各个方面都为高校学生实现学习自主性提供了可能。

首先，互联网打破了传统的资源获取方式，创造出一个新的资源交流和共享格局。如今的互联网技术和资源平台为高校师生自主选择获取渠道、时间、方式等提供了最大的可能。至此，学生的学习过程完全可以根据自身个性情况来安排，极大地增强了其学习的自主性。

其次，互联网的知识传播和学习方式符合学生的思维特性。互联网特有的超文本阅读方式，充分体现了非线性的学习方式和过程，学习内容的非系统性、学习时间的碎片性、知识传递和建构的自主性都将极大地提高学生的学习效率。互联网让学生能够以最好的学习效果为目标自主选择学习过程。学生如何设计学习进程、选择学习时间和地点、调整学习状态等都决定着最终的学习效果。而"互联网+"时代为许多学生提供了自主合理安排学习过程的优化方案。此外，互联网多元化、碎片化、专题性的学习资料呈现方式，最大限度地满足了学生个性化的学习需求，学生的自主性和主动性能够得到充分的调动。

（三）实践交流突出个性化

从互联网产生并进入人们的生活以来，它就以特有的互动性、虚拟性、人本性深深地吸引着人们的关注和参与。特别是伴随着"互联网+"时代新一代信息技术的迅猛发展，互联网新兴的交互平台、媒体、媒介的产生，为人们提供了更加个性化的实践和交流途径。高校向来就是知识交流频繁、思维碰撞活跃、个性彰显多元的一块沃土，"互联网+"

时代的云计算、大数据、智能终端等新一代信息技术让交流更加便捷、信息更加透明，高校师生的行为表现出交往范围更加广泛、思维更加活跃、个性发展更加突出的特点。

首先，互联网使学生的交流范围更加广泛。互联网新一代信息技术的发展为人们提供了全新的信息传播方式和渠道，互联网传播的即时性让人与人之间的信息交流和传递比以往更加直接和快捷。

其次，互联网使学生的思维变得更加活跃。互联网的虚拟性和人本性让每个人都有展示自我、表达自我的权利和空间，网络上的自由表达让现实交流中的紧张感完全消失，这种放松和被尊重的环境会让学生更加积极和主动地参与交流和思考。互联网已经成为大学生最主要的交流方式之一，在这种虚拟的社区环境下，暂时去除了社会属性的学生没有了现实生活中的顾虑和负担，可以真实、积极地表达自己的观点、情感和想法，学生更加乐于以这种方式交流，参与积极性和思维活跃度大大地提高。

最后，互联网使学生的个性突出发展。互联网的虚拟性使网络交流能够充分体现个性与自由，任何人在互联网上的身份都可以选择虚拟，这种对现实身份的隐匿，能够让人们从现实生活的各种束缚中走出来，按照自身的个性特点说自己想说的话、做自己想做的事。此外，学生信息的获得方式更加独立，根据自身的发展情况选择行为的方式也更加彰显个性，互联网提供的丰富而多元的信息给学生多种选择的可能，学生可以根据自己的喜好和特长，选择有兴趣的学习内容和发展方向，这无疑极大地培养了学生的独立创新意识和解决问题的能力。互联网不仅使学生的隐私得到了保护，同时也让学生个体得到突出的发展。

二、教育资源多元化

随着近年来人们对"互联网+教育"的积极探索，也初步明确了教育网络化、智慧化和数字化发展的方向。"互联网+"时代高等教育面临的环境发生的变化是根本性的和全方位的，新的环境下教育资源在整合、构建、优化、传播和共享等各个方面都呈现出不同以往的全新面貌。可以说"互联网"时代跨界融合、创新驱动、重塑结构、尊重人性、开放生态、连接一切特征，使教育资源也呈现出海量化、多元化、共享化和高效化的特点。

（一）信息资源海量化

信息资源的海量化可以说是互联网世界最重要的特征之一，互联网自诞生之日起，便成为人们收集、传递信息的重要途径和工具。时至今日，随着以大数据、云计算为代表的新一代互联网信息技术的飞速发展，互联网已然成为人类社会最大的信息资源集散地，全世界的信息资源都能够通过互联网连接起来，海量的信息资源取之不尽、用之不竭。

一方面，包括大数据在内的先进技术优势，使互联网收集、存储、分析和使用信息资源的能力实现了巨大的进步，互联网能够轻松地通过信息技术将存储在世界各地包括文字、音频、视频、图像等在内的信息资源链接起来，成为一个巨大的信息资源存储地。

另一方面，以云计算为基础的信息存储、分享和挖掘技术，能够将巨大的、海量的、非结构性的信息资源集合起来并加以处理，形成更加有效的信息数据并存储下来，这种信息资源的生产概念就好比海洋上的冰山一样，表面上我们看到的是海面上的冰山一角，而绝大部分的内容却暗藏在海面之下，互联网技术不断挖掘数据的潜在价值便成为生产海量信息资源的不竭动力。

此外，当今的互联网世界是一个极具开放性和人性化的世界，每个人既是信息的获取者和使用者，更是信息的创造者和发布者，互联网的链接技术把大量的"信息孤岛"链接起来，使人们能够获取和感知的信息资源数量增大，这也激发了人们创造和发布信息资源的积极性，当个体生产信息资源的积极性和创造力被调动起来时，互联网信息资源的剧增便可想而知。

由此可见，"互联网+"时代的特性决定着信息资源的生产规模将不断扩大，大规模生产、传播和运用信息资源的时代已经开启。充分挖掘和利用好这些海量的信息资源，研究和解决好信息资源给我国社会发展以及高等教育发展带来的问题，将成为提高高等教育质量的重要手段。

（二）教育资源多元化

"互联网+"时代背景下教育资源的多元化既表现为教育资源呈现的开放性，又表现为教育资源在内容、形式上的多样性。

首先，互联网让教育资源走向开放。互联网的发展打破了传统教育资源的封闭状态，使教育资源不再聚集在一个相对封闭的空间里，不会因为地域、学校、场所等限制而影响获取。互联网强大的数据链接能力以及数据处理和存储能力，使得教育资源能够更加便利地被学生所获取，只要愿意便可以通过互联网收集到多元的教育资源，来满足符合学生自身特点的学习和进步要求。

其次，互联网海量的教育信息提供了多样的教育资源。"互联网+"时代以新媒体技术为主的交互技术以更为多元的形式将教育资源生产和表现出来，教育资源以文本为基础，不仅有动画、音频、视频等多媒体的加入和辅助，同时虚拟技术将教育资源以更加生动的方式展示出来，不仅极大地增强了教育资源的表现力和感染力，也增强了学生的参与感和体验积极性，这种多样性的教育资源无疑会在学生知识结构的完善和建构过程中发挥更出色的效果。

（三）教育资源共享化

教育资源共享长期以来都是实现教育均衡发展、促进教育公平的一个重要标志。互联网的普及与进一步发展，为解决优质教育资源的短缺和不平衡问题、满足人民群众对优质资源的迫切需要提供了条件保障。"互联网+"时代存储技术和交互技术的革命性发展，使得网络有了超乎想象的海量存储空间和信息资源交换速度，这也成就了人类历史上前所未有的巨大信息库。"互联网+"时代为实现教育资源的共享化创建了三个必要条件：

第一，观念支撑。"互联网+"时代跨界融合、连接一切的特征彻底改变了以往人们对数据应用的保守观念，人们逐步意识到互联网数据共享为社会发展和进步带来红利，各行各业都致力于加强信息资源的生产、交流、共享，从其中获得更多的发展机遇。因此，教育资源的共享也成为教育领域集体繁荣的一个重要载体。

第二，行动共识。互联网的信息交互逻辑在于通过各网络终端形成数据的联通和共享，每个终端都达成一种共识，终端的信息开放和共享是整个网络开放的一个缩影，是网络数据资源共享不可或缺的一个部分。在这种共识下，教育资源的共享成为每一个个体的自发责任和意识，让互联网教育资源的共享更加多元、繁荣。

第三，机制保障。互联网实现教育资源共享的途径是各终端之间的数据交换和信息服务，这就构成了资源发布和获取的共享内在组织机制，这种机制虽然并没有规范化，也不具备法律效应，但已经成为网络信息资源共享的默认规则，就如同物质交易的开放流通对工业革命的重要性一样。信息数据的开放流通是"互联网+"时代不可逆的趋势和潮流，在信息数据开放流通的潮流中教育资源的共享化也空前繁荣。

（四）信息获取高效化

互联网的诞生就是源自人们对数据信息的获取和交互需求。随着科学技术日新月异的高速发展，特别是以大数据、云计算、移动通信技术为核心前沿技术的"互联网+"时代的到来，人们信息获取的渠道不断丰富，信息获取达到空前的便捷和高效。互联网的发展之所以让信息获取如此的便捷和高效，因为它为信息的获取创造了三个基本条件：

第一，及时获取。网络信息的传播依靠的是无形的网络数据传送，特别是伴随着移动通信技术的发展，手机、平板电脑等移动客户端的各种应用，让数据获取可以随时随地进行，避免了传统信息获取的各种受限。

第二，精准搜索。"互联网+"时代网络搜索技术与信息资源获取的技术得到了空前的发展，它为人们提供了多种信息获取的入口，各种搜索引擎和网际交流平台都成为用户快捷、精准找到自己所需信息资源的有效途径。

第三，分类服务。互联网的信息资源是海量的和复杂的，然而在互联网分类检索的技术支持下它又是有序的，这种分类服务为信息获取减少了不少的损耗。互联网上的一些主题网站、类型平台就是这种资源分类的现实呈现，互联网技术把类似的信息数据快速地收集、记录和分类，云计算的设计和技术又将这些分类的数据通过智慧集成、存储为一个大数据库，更加有利于人们通过搜索引擎快速、精准地查找有效数据。当前，互联网集成和整合了各类优质教育教学资源，为组织和个人更加便捷地获取信息资源提供了高品质的服务。

三、教学方式在线化

"互联网+"时代我国高等教育的面貌发生了极为深刻的变化，其中教学方式的变化是与学生行为方式和学习方式的变化密不可分的，呈现出教育资源网络共享、学习方式在线互动和教学评价及时反馈的发展态势，这些变化使高等教育面临着前所未有的发展环境，高等教育呼唤着教学理念和教学方式的变革与更新。

互联网的高速发展彻底改变了知识的生产、存储、获取、传播和学习方式，从而让教师和学生的知识储备和获取能力差距极度缩小，颠覆了传统的师生关系。教学形式在线化使教学互动空前活跃，教学评价的及时性和针对性为学生的有效和高效学习提供了有力的保障。由此可见，"互联网+"时代对高校教学方式的改变是不可阻挡的，这种以在线化、数字化、网络化为标签的教学方式的转变是符合高校师生的学习、生活、工作的需求和习惯的。教学方式的改变具体包括以下三个方面的内容。

（一）师生关系的合理重构

"互联网+教育"探索不仅是新兴的互联网信息技术对教育技术的革新，更重要的是对教育过程中教、学、组织模式等教育元素、环境、理念和机制的深层次变革。"互联网+"时代尊重人性、以用户为中心的本质特征，促进了以学生为中心的教学方式快速生成，可以说"互联网+"时代高等教育师生关系的变化是导致教学方式改变的一个先导性因素。

在"互联网+"时代教师与学生的关系可能要更加倾向于互动和引导，毕竟教师有着更加成熟的思维方式和丰富的人生阅历，考虑问题相对学生来说更加周全和缜密。教师要更多地利用互联网的优势，充分调动学生的自主学习积极性，同时加强自身的互联网教与学的理念和意识，全程把握学生的学习进度，与学生建立和谐的、教学相长的师生关系，才能够发挥出教学方式在线化的最大优势。

（二）教学模式的有效变革

"互联网+"时代是信息技术与教育要素、教学环节的深入融合，其中良性的化学反应使教育过程呈现出新的面貌，教学模式得到改良升级。教学模式的有效变革带来了理想的教学效果。

1. 教学模式实现了课堂教学与在线教学的优势互补

尽管教学方式的在线化已经成为不可阻挡的趋势，但不可否认传统的课堂教学也有自身的优势。课堂教学具有较为成熟的教育理论和方法，有严格的教学纪律和良好的教学秩序。课堂教学中，教师的人格魅力得以最直接地体现并发挥作用，教师和学生通过语言、情绪、动作等直接交流，对学生的学习和成长产生着潜移默化的影响。同时，教师在课堂上可以根据各种因素的变化，凭借自身的阅历和经验，灵活地调整教学的内容和进程，以保证最好的教学效果。

教学方式在线化则更多强调的是学生学习的自主性和个性化，学生能够根据自身的能力和情况，通过自主选择学习内容和进程，达到最优的学习效果。课堂教学和在线教学不仅不是矛盾的，而且可以很好地形成互补，学生通过在线的自主和主动学习，为课堂上的学习、交流和互动做好了准备，线上线下的教学方式配合更加有利于学生的认知和技能的整体提升。

2. 教学媒介实现了更具吸引力的换代升级

互联网新媒体与教学的结合使教学方式向多媒体化、数字化不断发展，在坚守教育目标和教学内容的基础上，将虚拟仿真技术、远程通信技术、新媒体技术等引入课堂成为新颖的教学媒介，达到"新瓶装旧酒"的效果。这不仅激发了学生浓厚的学习兴趣，而且进一步优化了教学形式，让课堂的教与学能够更加轻松地完成。

（三）教学评价的多维建构

教学评价是教学过程中十分重要的一个环节，它能够客观反映学生的学习状态和效果，也是教学方式优劣的判断指标。互联网带来的在线化教学不仅让课堂教学呈现出新的格局和活力，也为教学评价的功能提升创造了条件。

第一，评价生成及时性。教学方式在线化使教与学的过程能够及时地呈现在互联网上，这就减少了传统评价的反馈因空间和时间上的限制而带来的拖延和消耗，大大地提升了评价反馈的效率，评价过程的便捷也使教师与学生之间的相互评价变为可能。

第二，评价结果可靠性。基于在线化教学以及互联网大数据技术的普及和优势，教学过程中作为评价依据的各种信息和数据能够被全面地收集起来。这些大量的、丰富的信息数据都是教师教学和学生学习全过程的、最直接的、非结构化的客观数据，通过事先设定好的数据整理和分析，能够如实呈现教学过程中的成绩和问题，为调整和优化教学过程提供可靠的决策依据。

四、管理服务信息化

高校管理服务信息化发展不仅让校园公共数据信息的管理更加权威和可靠，也使得高校管理服务的过程更加规范和高效。信息化的流程管理不仅为校园管理的决策提供了可信、可靠的依据，也准确、智能地为工作中的过失进行及时的预警，切实提高了管理服务工作的水平。可以说，当前高校师生员工及学生的学习、生活、工作等各个方面的活动对管理服务信息化的依赖性越来越强。

（一）校园管理服务信息化的理念达成高度共识

随着互联网逐步地走进并占据人们生活的大部分空间，在体会到信息化管理服务给社会活动带来的便利时，人们渐渐开始接受管理信息化的流程，学习信息技术的知识，树立管理服务信息化的意识，并主动使用信息化的管理服务方式，分享管理服务信息化的成果。高校师生一向是求知欲旺盛、学习能力较强的一个群体，作为新事物的信息化不仅能够吸引师生的关注、研究和学习，同时，它摒弃传统管理方式的不足，带来前所未有的便利，让高校师生对管理服务信息化有着极高的兴趣和期待。

在"互联网+"时代的大背景下，新一代信息技术不断革新并融入人们的日常工作、生活及学习的各个方面，彻底改变了人们的行为习惯，更改变了人们的行为理念。个人生活信息化的需求已经遍布与个人相关的各个方面，校园里的教师、学生对校园管理服务信息化需求的日益强烈，期待校园管理服务信息化进入校园里也成为师生的基本诉求。

因此，管理服务信息化在校园里有一致的共识和需求，其推广及运用显得顺理成章、水到渠成。此外，互联网信息技术的快速发展和普及，不仅提升了高校管理服务信息化教育理念的创新与发展，而且提升了高校师生的信息素养和技术能力，为高校管理服务信息化发展培育了优质的土壤。

（二）校园公共数据信息管理服务的可靠性、权威性更强

"互联网+"思维推进了高校校园管理服务理念的更新和方式的变革，新一代互联网信息技术成为驱动整个管理服务格局进步的关键基础。高校校园管理服务信息化发展的基础在于依靠信息技术对校园公共数据信息进行有效的采集、合理的处理和快捷的运用，以此作为提高校园管理服务效能的起点，为管理服务过程的优化形成支撑，数据管理成为推动高校管理服务信息化的重要力量。高校管理服务信息化充分彰显了共享校园公共信息数据资源的理念，校园公共数据的信息化管理不仅保证了信息管理服务的可靠性，也提升了管理服务的权威性。

首先，管理服务信息化保证校园公共数据信息的可靠性。在高校管理服务过程中，可靠性就意味着高效性，管理服务的高效性让管理服务工作充满亲和力。校园公共数据信息作为管理服务过程中的基本对象和单元，其可靠性影响着管理服务的水平和效率。

其次，管理服务信息化提升校园公共数据信息的权威性。高校管理服务过程水平提升的基础和核心在于准确运用校园的公共数据信息。管理服务信息化在确保公共数据存储和出处唯一性的基础上，打通了各部门的公共数据信息通道，规范了信息数据的使用过程，校内师生员工或单位都需要通过预设的身份和口令进入信息系统浏览、查找和使用相关信息，极大地增强了公共数据信息的安全性和权威性。

（三）校园信息化管理服务流程更加规范、高效

"互联网+"时代背景下，社会生活的各个方面都逐渐融入信息化的浪潮之中，高校管理服务能否适应和融入信息化的环境，是保证校园管理服务水平不断提升的一个重要指标。"互联网+"时代信息技术的革命性发展，推进了应用软件技术的快速发展，为高校管理信息服务化提供了有力的技术保障。传统校园信息数据的采集、使用以及公共事务的管理和服务被信息化的管理系统所代替，以往要借助于大量人力、物力完成的纷繁复杂的

管理事务，可以在互联网上轻松完成，降低了管理成本，减少了管理差错，让管理服务流程既保证了规范，又追求了高效。

首先，信息化管理服务流程让校园管理更加规范化。高校管理服务的规范化不仅体现了校园管理的水平，也是保障校园管理秩序的重要手段。校园里与师生员工切身利益相关的管理服务事务很多，管理过程涉及的单位和工作人员也十分复杂，传统的管理服务流程环节较多，而每个环节的工作人员对管理服务事务的工作原则、标准不同，让管理服务过程的规范性大打折扣。

高校管理服务信息化的实现，为高校规范化的校园管理提供了切实的保障，通过信息化的手段完成繁杂的管理服务事务，既能够遵守统一的规则，又能够按照统一的流程办理，充分彰显了校园管理公平、公正、公开的精神。

其次，信息化管理服务流程让校园管理更加高效化。信息技术的运用对高校管理服务工作进行了流程再造，不管是管理服务的程序，还是管理服务的人员和分工都发生了科学的变化。传统管理服务中在各单位间重复出现、烦琐乏味的工作流程被极度简化，同时，调整了人机交互的工作比重，将原本需要人工管理的事务转化为信息化自动管理。

信息化的管理系统不仅维护方便，节约了人力、物力，也提高了工作效率和效力。它将更多的管理服务人员从复杂的管理事务中解放出来，重新分工、理清职责，进而调动了管理工作中的人员积极性，切实提高了高校管理服务的效率。

第七章 新时代背景下德育实践途径提升与创新

第一节 高校生活德育

一、生活德育的概念、目标与特征

（一）生活德育的概念

目前，对生活德育的研究已兴起一个新的热潮。对生活德育概念的阐述：生活道德教育就是要让学生在热爱生活、了解生活、亲自去生活的过程中培养德性，学会过一种道德的生活，而不是在现实生活之外的另外一个世界里去培养人的道德。德育就是生活德育，是个体在完整的生活内容中，以道德的生活方式，自觉建构一种道德生活。德育的目的是建构生活，从而回归生活，用以更好地关注生活、反思生活和改变生活，从理念层面上论述生活与德育的对立统一关系。

在生活德育和知性德育的对比中，生活德育是整体性、社会性、实践性、真实性、有效性教育，是对知性德育的全面超越。生活德育是与知识德育有所联系的，若是严格区别则也会走向极端。道德教育分为生活实践和科学世界的德育，二者对于人的道德的生成都不可或缺。虽然生活德育更为重要，但却无法取代科学世界的德育（知性德育），要把二者结合起来，因而生活德育并不能包含起指导作用的知性德育。

生活与德育是辩证统一的共同体，生活中包含德育，德育离不开生活。生活德育也不是和传统的知性教育完全割裂和独立的。生活本身的复杂性就决定着它无法摆脱与知识、环境、政治等方面的关系。因此我们认为，生活德育是学生在校园课堂之外，以生活性道德教育弥补单纯的知识性道德教育的缺陷，达到学生道德教育的课堂和生活双重指导而接受的道德教育模式，是高校开展德育的重点场域。

（二）生活德育的目标

1. 服务于生活

大学校园中的道德教育，多数时候来自思想政治理论课。但从课堂中学习到的道德知识，会因为缺乏与实际生活的结合而淡化意义。就如学生从历史书上学到的人生哲学，并不能照搬到现实生活中直接运用。因而道德教育需要同现实生活的人、事、物相结合，回归生活才能服务于生活。

关于生活德育的目标，许多学者普遍认为，生活德育是满足德育的目标，是为了人的全面发展。生活德育是实现对人教育的重要手段，是不同于传统知识德育的，是为了服务于生活，为了创造更好的生活体验。从教育根本属性上来说，生活德育的目标是教人求真、学做真人；生活是德育的场域，德育必须基于生活，在生活过程中，德育的目的也是为了生活。生活德育强调在学生的生活世界当中开辟更广泛的德育空间，进行有效的灵魂深处的教育。由此可见，生活德育的目的是服务于生活本身，是生活中精神世界的一部分。通过不同的生活体验使自身受到道德的教化，价值观得以完善，将良好的道德和价值观落实到生活体验上，提升人与人、人与自然关系的和谐性以及生活的幸福感。

生活德育回归生活、服务于生活，要求大学能够在学生教育中更好地建构起对学生良好的生活方式、生活精神的教化，真正使得生活领域内的道德教育帮助其提升生活的道德水平、增强生活层面的精神力量。

2. 促进德育发展

从生活德育的概念出发，我们不难发现，传统道德教育在面对实际生活和人的全面发展时有局限性。而德育与生活的紧密联系则是对知性道德德育的一种补充，能够使道德教育更加立体和全面。生活德育更关注个体的道德层面对其自身成长发展和个体对社会国家价值贡献的促进作用。让学生能够更好地将书本或课堂中的道德价值观，与实际生活中的方法论有机结合起来，进而不断充实和完善精神世界。

生活德育理论的产生背景决定了它使道德教育重新回归生活世界，使得德育能够与生活、人的自主性相融合。从德育回归生活的层面，德育回归生活世界是德育走出困境的必经之路，是社会发展的客观需要，是大学生自我发展的内在要求，符合世界教育发展的主流趋势；生活德育并不是对知性德育的完全否定，而是在充分吸收其合理成分、克服现实弊端的基础上，针对时代发展和大学生德育养成新需求所进行的德育思想和实施模式的改革创新。

因此，生活德育是相对于知性教育的一种实践性教育，是对传统知性德育的有益补充和完善，很好地顺应了时代的发展进步和社会对人的道德发展需求。生活德育对传统道德的发展效应，也更符合当下社会环境对于大学生道德和价值观的高要求，对大学生健全人格的养成产生重要积极的作用，具有很强的时代性和现实性。

3. 塑造个人品格

生活德育在本质上是人类自然的、思想的、实在的、实践的与对话的存在形式，个人品德是在人的生活过程中形成和发展的。德育"回归生活"的目的是在生活实践中塑造人格，使个体生命充盈理性与幸福。

在传统的知性德育范畴中，学生能够获得的德育体验有较多的局限性，无法完全做到将"知"付诸"行"，导致个人的人格塑造缺乏实践体验行为强化。生活德育利用生活体验教给学生正确的道德观念，又提供平台让学生在生活中实践、检验道德理念，从而掌握正确处理人与人、人与自然以及人与自身之间关系的方法。

（三）生活德育的特征

1. 整体性

生活德育涉及日常生活的方方面面，由物质性生活、社会性生活和精神性生活等部分组成。生活的主体是人，人的生活具有完整性并将贯穿生命的每一个时期。从生活的跨度上，不同时期的生活主体都在进行着不同的生活体验，这些体验会根据人自身的价值追求而具有相似性和关联性，展现出一个人完整的价值观和处世思想。因而生活德育在行为主体上具有连贯性，在时间跨度上具有整体性。从生活的场景看，德育在生活的不同场景中全面展开，不同的生活场景对于人的教育也会发挥不同的作用。但是不同的生活内容相互之间会发生关联和影响，无法将生活完全地割裂成单个片段。因而。生活德育的对象、时间和空间各个层面，都可以显示出生活德育具有整体性，其各个部分、各个层次都相互关联。

2. 实践性

生活是由一次又一次的实践和经历串联而成的。那么依托于生活的德育也是在实践中完成提炼，并对生活进行价值观的指导。生活德育与生俱来的实践性，也在生活中一次次地被检验。道德之知就其性质而言是实践之知，被称为实践理性，是实践的一个部分；道德之知是一种不完全的知。相对于道德生活和道德行为而言无法涵盖所有；道德之知是一种未饱和的知，需要通过不断的经历来完善。道德作为一种价值观，需要通过实践行为来不断校验、补充和完善，才能成为指导日常生活的行为准则和规范。而生活德育恰恰是一种建立在生活体验之上的道德感悟，更加需要实践的基础和支撑。

3. 生成性

从古至今道德准则非一成不变，每一种社会形式、每一个时代都有其特性。人处于社会生活之中，必然受到社会环境的影响和约束，因而对人的道德要求会因为社会环境的变化而具有不同的特征。道德准则会随着时代和社会的发展变化而与时俱进，个体价值观也只有与社会时代相结合才能真正促进个人的发展。与此同时，生活德育除了需要跟随社会变革发生变化之外，也会因为个体本身的阶段不同而发生变化。一个人在生活中会有不同的人生阶段、遭遇不同的生活情境，都需要不同的道德内容来应对。因而，道德也并非一成不变，它在不断地形成与发展，拥有着对应人成长发展的历史进程和情境。生活道德在社会（人与人、人与社会的关系）层面和个体层面都需要随着主体的变化而保持一定的生成性。

4. 导向性

生活德育来源于生活世界，也反作用于生活。生活世界是每一个个体在真实经历着的世界，个体所存在的世界会有政治、经济、社会、生态环境等因素的差异。来自生活世界的道德体验会因为个体的不同而产生差异。因而生活德育必然是带着个体的特征。然而生活德育是一种道德教育，为个人的成长和社会的发展提供积极的精神力量，对于生活德育的具体表现必然有社会主流的要求，即对生活德育的内容进行引导。对此，高校在组织校园活动、营造生活环境和建设生活场景时，要利用主流价值观进行引导，帮助学生建立起良好的生活习惯、生活美德和素质人格，进而开展有道德的生活。

二、生活德育的实现要求

（一）目标生活化

生活德育作为德育的一种手段，应在追求"立德树人"根本任务的基础上，发挥生活德育的特性和优势。德育目标生活化包含着两个层面：一是个人层面上对个人成长发展具有重要的意义，二是社会层面上将个人的价值与国家社会的发展需求相结合。

在开展生活德育工作时需要高校思政工作者关注到学生个人不同层次、不同方面的发展需求，能够结合不同学生的不同特点、背景提供多样的平台，促进个人的发展与成长。

比如，在导学生活中，导师要结合每个学生的研究特长和发展规划一起制订研究计划，在关注学生的学业之外帮助学生做好人生发展规划，真正做到因材施教、个性化规划；在寝室生活中，宿舍管理部门要为学生提供良好的沟通、交流、互动环境，促进学生在宿舍生活中形成良好的生活习惯和人际交往能力；在校园活动中，学生活动组织方要针对学生的不同需求创造丰富、多元的文化活动。让学生能够在课余生活中有更多的尝试和选择；在校园文化建设中，要关注到学生生活的各个细节，引导学生树立德育意识，积极营造有内涵、充满正能量的校园文化。

生活德育要求个人德育目标的设定与国家社会期望结合起来。个体的全面发展必然要将自身的发展和国家民族社会的发展结合起来，成为一个真正能够为国家、社会贡献一份力量的人。生活德育的目标与国家社会对于人才的要求结合起来，才能在德育的过程中将家国情怀一以贯之，实现"立德树人"的目标任务。

（二）内容生活化

德育的内容源自大学生的现实生活。从学前、小学到中学的成长历程中，通过知性德育和生活德育的共同作用，大学生已经对于德育有了个人的看法和见解。因而，大学阶段生活德育的内容，应更加侧重于引导大学生自身对生活的审视、批判和创新，将生活德育的成果与未来人生发展规划相结合，进一步强化科学的世界观、人生观和价值观。在大学校园中，应注重为学生提供精彩多样的生活体验，将校园"小社会"的功能发挥出来，让学生参与到更多的生活情境中，激发学生的创新能力和成长潜力，强化生活德育的作用。

（三）过程生活化

生活德育另一个重要特性便是实践性。实践过程的生活化亦是实现生活德育的重要途径。从道德教育的性质来看，道德的接受与内化需要经验事实、情感信念以及理论思想的三项支撑。经验事实显然是需要通过生活体验和实践来获得的，更加具有说服力；而情感信念亦需要依托于具体的情景经历来生成，也更加能够深化成为支撑人立身的信念；理论思想虽然能够借鉴以往学者的研究体系和文化传统，但对于个人来说，也需要通过生活实践过程的体验，树立自身为人处世的原则和思想。

生活德育的实现途径可以通过文化熏陶、实践体验、自我教育以及传统的传授教育来进行。不同的生活德育内容，会通过不同的方式来完成德育的过程，进而达到生活教育的目的。比如，在学术研究过程中，可以采用实践体验和传统的教育来进行生活德育，根据具体的项目向学生提供更多接触社会、与企业合作的机会，让学生有机会将所学运用到实际生活产品中，并将实际转化中所遇到的现实问题反馈于学术研究；在寝室生活中，则通过实践体验、自我教育等形式来提升。通过寝室卫生检查、文明寝室争创、寝室文化作品设计等，让学生之间能够增进合作交流，找到和谐的相处之道；在校园生活中，既可以通过文化熏陶的方式感受大学的精神和内涵，丰富自我的精神世界，也可以通过各种各样的文化节、比赛、体育运动等形式，让同学们参与更多展示自己的活动，在过程中发展自己，体会合作竞争的价值，得到课堂以外的能力和经验。

个体生活在社会中无法孤立存在，一定会受到周围环境的影响。因此要实现生活德育，则需要营造环境。环境可以分为物质环境和人文环境，物质环境作为客观存在也能够反映出校园文化的因素，人文环境则能够更加直接通过文化的氛围对人产生潜移默化的影响。校园生活是大学生生活最为重要的一部分。校园的物质环境和人文环境对于大学生生活德育的推行极其重要。我们可以在校园的道路、休闲场所、自然景观点，设置一些体现大学历史文化、大学精神、核心价值观等的设施，在教室、寝室、实验室等场所摆设一些体现校园文化的饰品，通过日常校园生活点滴渗透将立德修身、荣校爱校、家国情怀等正面道德观传递给大学生；可以经常组织有益于提升学生文化素养、开阔眼界、树立信念的文化活动，如名家讲坛、高雅艺术进校园、校友报告会等形式，丰富学生文化生活，使学生在日常起居、学习生活、课余活动等领域全方位地感受环境文化带来的生活体验。

三、生活德育的建构

（一）重在熏陶的校园文化

大学德育活动是在文化世界中的存在，是有意识性的人为活动，通过一定的方式进行"人化"和"化人"的，具有主观性和价值性。教育活动本质上是学生与社会文化之间的双向建构活动，是学生自我的文化构建活动。即学生对社会文化的理解、接受、内化、升华等实践活动。文化对于道德的塑造具有十分重要的作用。

1. 大学精神

大学精神集中体现在大学的校训、核心价值观、育人方针、育人目标等方面。核心是形成良好的学风、教风、校风。"三风"正则"三观"正，对学生的教育影响必然是深刻而长远的。

首先，学风引领学生的成长。一所大学的学风应是引导学生树立远大人生理想，勤奋学习，用所学的知识为社会、国家的发展做出贡献，让学风能够跳出纯粹学习的局限，扩展到更为远大的目标，增强学生将人生理想与国家发展、民族复兴相结合的思想。

其次，教风促进学生的精神教育。"教"与"学"这两个主体是相互作用的。教师在教学过程中运用的方式方法对学生的学习方式和兴趣都会产生巨大的影响。学生在学习过程中的反馈也能够为老师的教学提供思路上的启发，这两者相辅相成。学生要在尊重知识、追求创新的过程中不断将知识真正内化，教师要在教学过程中帮助学生树立自身发展的目标，形成正确的人生观和价值观。

最后，校风集中体现大学精神文化。校风是学校的历史和传统的积淀，是伴随着学校发展而不断深化的成果。大学在教授学生知识的同时，更注重培养学生高尚品格和远大志向，帮助学生建立起健全的价值观，并能够在日后的人生道路中不断践行，将价值传递到社会上产生更大的影响。而始业教育、日常学习、校园活动、社会实践、校友回访等活动，将潜移默化地影响学生，给学生"烙印"上学校的特质。

2. 制度文化

无规矩不成方圆。在大学校园治理的过程中，制度文化体现了校园的治理水平和能力，具有制约、引导、示范等功能。制度文化可以对学生起到约束作用，能够对不符合社会主流价值观和大学精神中的思想行为进行有效的约束，促进整个大学的教学科研工作有效开展；也可以规范学生的思想和行为。

促进学生养成规则意识和纪律意识，为做一名懂法守法的社会公民打好基础。制度文化属于校园文化中的管理范畴，通过校纪校规、校训校风、规章流程等形式对大学生的行为进行直接约束和规范，对学生的思想和人格形成直接的影响。同时，制度文化具有教育学生遵纪守法的作用，能够促进学生规则意识、纪律意识、团队意识的树立。

3. 物质文化

大学物质文化包含着校园内的标志、自然环境、建筑设施、建筑风格以及校园规划等内容，用生动立体的形象影响学生，形成独特的校园风格。帮助学生建立起良好的审美观念和审美能力。校园的标志是大学物质文化的集中体现，如学校 logo，道路楼宇名称标志、校园内部植物摆设、标志性建筑等通过不断强调学校的文化内涵和追求理念，激发学生对学校特色标志的认同感和集体归属感。校园的自然环境和建筑设施在设计中也体现着学校的风格特点和历史发展，让学生能够在特色的校园环境中了解学校的发展和内涵，以一种"强调式"体验教育给学生留下深刻的印象。通过自然环境的塑造和建筑设施的配置，为师生提供了良好的生活环境和场所，传达对师生的人文关怀和育人理念，让学校能够与学生融为一体，使学生产生家的感觉，增强对学校文化的理解和认同。

（二）重在实践的文体生活

大学是一个相对自由的生活环境，学生都有着独特的兴趣爱好，这就衍生出类型不同、内容丰富、形式多样的校园文体活动，涉及文化、体育、科技、娱乐、交友、公益、社会实践等多个层面，给学生带来全方位的实践锻炼和成长体验。

1. 文化活动

学生组织和学生社团举办的各种喜闻乐见的活动可以满足学生不同的兴趣爱好、生活追求。提供丰富的实践舞台和展示机会发挥学生的创造力和活力，起到活跃校园气氛、张扬青春个性的积极作用。与专业学习相结合的学科竞赛、科技创新活动、校园创业活动等，都需要学生有较强的知识运用能力、团队协作能力和组织表达能力。这些活动能够全方位地促进学生兴趣的提升和才华的展现，对课堂德育形成补充。同时，歌唱、舞蹈、话剧、文学等文化活动，不但可以营造健康向上、丰富多彩的校园生活，而且能够提升学生的文化修养和审美能力。因而，在大学校园中，应多鼓励学生组织和学生社团举办这些活动，一方面增强学生的动手能力、创新能力和提升文化素养，另一方面积极传递正能量、营造良好的校园文化氛围。

2. 体育活动

每天锻炼一小时。健康工作五十年，幸福生活一辈子。体育活动是校园活动的重要组成部分。尤其是面对专业学习、人际交往、未来发展等多重压力下，学生更需要积极参与体育锻炼，既强健体魄又放松身心。在增强自我身体素质的基础上，进一步强化心理素质，丰富精神世界，用更加阳光向上的状态面对挑战。大学校园可以通过体育类的社团组织经常性举办学生喜欢参与的活动和竞赛，并且能够适应时代和社会变化的趋势，如组织校园马拉松，开发攀岩、皮划艇等新兴校园体育活动。大学校园的体育活动不仅有利于强身健体，而且可以在体育竞赛中让学生感悟到"更高、更快、更强"的体育精神。

3. 实践活动

社会实践基地可以对大学生进行社会认知和理想信念教育。对学生进行国史党史革命精神教育时，依托革命纪念馆、历史旧址、爱国主义教育基地进行现场教学，让同学们更好地学习革命故事、感悟革命精神；对学生进行职业发展教育时，依托行业名企建立起行业认知实践的基地，通过带领学生走进企业实习实践，让学生提前接触工作岗位、规划职业生涯；对学生进行人生理想教育时，依托西部和落后地区建立起扶贫实践的基地，让学生认识社会、感悟责任、树立远大的理想，真正将个人的未来与国家社会发展结合起来；对学生进行民族文化与认同感教育时，依托历史文化遗产建立起传承文化、传播文化的基地，让学生能够真正接触先进的传统文化，成为中华文化的传承弘扬者。通过不同类型的实践基地完成对大学生不同维度的思想教育。也能够让高校的育人成果走出校园，让大学生能够将自我的发展与国家社会发展的需要相结合。

4. 网络活动

校园文化也应与时俱进，向新媒体阵地展开延伸。高校建设起集知识性、思想性、趣味性和服务性等于一体的主题网站、微博、微信公众号等平台。

这些平台都是与学生日常生活息息相关的。学校应该充分利用贴近师生生活的新媒体平台，展示校园新闻、社会时事、思想引导、文化体育等丰富内容，增强校园新媒体在师生和社会上的影响力。同时，校园新媒体平台还应注重加强与师生之间的沟通，组织师生在网络空间中开展互动和交流，更加有针对性地做好思政教育，完成"面对面"向"点对点"的转换，在网络的世界中开辟一个更加"润物细无声"的德育平台。

（三）重在学术的导学生活

导学生活是校园生活中最为重要的组成部分之一。除了上课、实验实习之外，研究生大部分时间都是在导学团队中度过的，而本科生也会通过课堂外课程学习、科研训练、毕业设计等环节与老师们进行导学互动。因此，良好的导学关系对于促进学生的专业学习、建立和谐师生关系、培养良好的科研精神都具有十分重要的意义。

1. 营造良好的"教"与"学"关系

不论是研究生还是本科生，除了课堂中完成的学习外，实验室也是重要的学习场所，也存在着"教"与"学"的关系。虽然没有课堂的载体，但良好的导学关系存在于课题研究、论文撰写、项目运行的交流与指导中，渗透于"如何进行科学研究和项目实践、如何做好科学研究"的互动中。通过这些互动交流，不仅有导师对学生进行学业指导，学生对导师也能够产生教学反馈，产生双向的学习与共鸣，形成良好的"教"与"学"关系。通过"教"与"学"关系的建立，一方面形成教师对学生潜移默化的影响，使教师的治学风格和教育行为能够引导学生的为人处世、人生追求；另一方面发展学生的综合能力，促进学生学习能力、实践能力的提升，帮助学生形成勤于思考、敢于质疑的科学品质，增强学生的自我创新思维，鼓励学生突破固有思维的限制，而不是简单地遵循教师意志。

2. 创造和谐的导学氛围

良好的导学关系需要在科学研究和产业实践上发挥团队的整体作用，营造高效和谐的合作氛围。在科学研究时，要进行合理的分工，既能够发挥每个学生的特长和兴趣又能够促进思维碰撞和创新，形成"1+1>2"的效果。通过制订合适的研究计划、定期举办研讨会、开展头脑风暴等形式，及时发现研究过程中的不足，找到研究突破点，实现学术创新。在产业实践中，要结合专业知识的应用，设计各类产学研合作项目，使项目更加具有实践操作性和社会应用性，从而让学生体会到实际应用与科学理论的差距。在具体项目实践中提升知识应用能力。

3. 建设特色的团队文化

特色和谐的团队文化是良好导学关系的润滑剂，有助于学生融入团队、构建和谐人际关系，形成导学组的凝聚力和向心力。一方面导师传递给学生"爱生如子"的情感，能够使学生在远离家乡、自立能力不足的情况下，体会到来自师长的关心，让学生更有力量和勇气克服学业、生活中遇到的挑战和困难。另一方面，在日常的师生交流中，学生尊重导师的悉心教导、感恩导师的真诚付出，必然会促进导师教学质量的提升，使其将更多的精力投入指导工作。除此之外，在日常生活中，也要培养导学组内学生间的互助友爱、合作竞争，运用朋辈之间的教育帮扶，营造温馨的学术氛围和和谐的科研局面。

（四）重在交往的人际生活

除了感受学校文化、参加校园活动、参与导学关系之外，大学生也会在校园的其他场合进行一定的生活行为，与他人产生交流，建立关系。如在寝室里与室友进行接触交往、在食堂用餐与教职员工进行接触、在自习室与其他同学进行交流、在校园中流露出对异性的好感等。这些不同的场景带来多样化的人际交往环境，让学生在体验、实践和自我教育中提升自己，茁壮成长。

1. 寝室生活

寝室是大学生最为放松、舒适的场所，是大学生在离开家庭、失去亲人照顾后能够找寻温暖和安全感的港湾。在寝室的环境中，一般都是有同室而居的几名同学，存在着朋辈间的人际关系，寝室环境的氛围营造，需要在德育工作中进行引导和规范。从朋辈室友关系来看，应引导学生建立良好的相处模式，促进学生集体生活能力的提升。如提升人际沟通能力、集体团结意识、宽以待人的心态、求同存异的生活智慧；还应鼓励学生通过与他人的交流，更好地在集体生活中强化自我认知、提升自我价值认同，而非一味地妄自菲薄或是产生攀比的负面情绪。从寝室日常生活来看，人与寝室文化、卫生环境之间存在双向作用，人对于环境做出的行为会得到环境相对应的反馈。因而，大学必须引导、规范学生的生活习惯和卫生习惯，促使学生主动维护寝室环境，营造干净、舒适的居住环境。让学生认识到优美洁净的居住环境能够给人以健康的身体和开朗的心情，使自己更有力地面对繁重的学业和多样的生活。

2. 公共场所生活

大学就像一个小型的社会，学生基本都在校园里面完成衣食住行等各个生活环节，因而在校园的不同场所体验的生活也是生活德育的重要组成部分。在食堂，学生只是经历一个简单的就餐过程。但是，在长达几年的校园生活中需要学会处理与食堂职工、与擦肩而过的教师同学的关系。因而，这一点上学校会通过标语或工作人员的提醒进行教育引导，使学生在发生摩擦和矛盾的时候用宽容的态度解决。在别人需要帮助的时候行举手之劳，遵守、维护公共场合良好的秩序和卫生环境。在自习室、图书馆等学习场所，要教育引导大学生保持场地的安静与卫生，正确使用公共资源、学会共享资源、高效利用资源。而在校园的其他场所也能够引导学生发挥友爱互助的精神，培养乐于助人、与人为善的生活美德。营造"我为人人、人人为我"的和谐氛围。

3. 情感生活

由于生活环境的变化、学习情况的转变和空间距离的扩大，学生和家长之间往往会出现交流的障碍或是情感的疏远，亲情便会成为一个较为普遍的情感问题。为此，学校可以通过情感处理的团体辅导、知识讲座或是写一封家书、家长会等形式来拉近学生与家长之间的距离。教会学生怎样更好地去处理亲情、学会感恩，能够使学生从个亲情的接受者慢慢转变为一个亲情的主动给予者和维护者。

除了亲情，友情也是大学生情感生活中的重要组成部分。朋友是大学生在校园内重要的情感依靠，如何建立友情、经营友情也是生活德育的组成部分。学校可以通过日常的生活经历、社团学生组织以及交友联谊活动等方式来加强大学生之间的交流，让学生能够结交更多的朋友，在真实的交友交往中，完善社会支持系统，帮助同学在独立的生活校园中具有充实的情感支持。

大学阶段是选择恋爱的重要阶段，很多学生都面临着如何处理好恋爱关系的问题。由于个体之间存在个性、爱好、价值观、文化认同等方面的差异，恋爱关系往往会使大学生产生诸多的困惑。恋爱关系的处理首先是一门实践的科学，需要大学生通过双方的真诚沟通和彼此付出来进行，这对于大学生换位思考的习惯与能力、责任感的形成都具有良好的教育意义。其次，恋爱关系更多是两个主角之间的情感交流，并无严格的对错，因而这一过程特别需要学生的自我教育。学生要学会宽以待人和包容相处，而不是一味索求或者给予，这样的恋爱生活，才能更好地促进自我的成熟，实现成长的跨越。

当然，亲人、朋友或是恋人关系都应该回归基本的道德规范，需要参与个体的道德体验来完成。因而，这一情感的环节仍需要大学教育进行道德上的引导和规范，指导学生正确地处理情感关系、把握道德规范要求。

第二节　高校网络德育

自 20 世纪 90 年代开始，随着信息技术的突飞猛进，互联网逐渐遍布人们生活的角角落落，一种新型的社会形态——网络社会日渐形成。从最初的科技领域，到贸易领域，再到社会生活的方方面面，自然也延伸到了高等教育领域。对高等教育而言，互联网早已不仅是一种技术抑或一个虚拟空间，整个网络社会构成了虚拟与现实交织的德育场域，对大学生产生着巨大影响。网络变成了大学生的一种生活方式，每个人都可以通过网络互动建构自己的知识、认识和情感，进而影响自己的态度和行为，他们之间构成了一个关系共同体。这个共同体是德育共同体的重要建设场域，展现出技术和伦理融合、主体性和主体间性共生、对话和互动同在等特征，重在以网络技术手段推进网络思想政治教育、网络道德伦理教育、网络心理健康教育。

一、网络德育的概念

（一）网络德育的基本概念

1. 网络成为一种生活方式

时至今日，大学生作为网络技术的前端体验者，已经成为网络公民，甚至被称为"网络原住民"。他们在网上浏览新闻、网上购物、网络学习、聊天交友、在线游戏、网络支付，等等。上网已成为一种常见的生活方式，足不出户成为可能，网络为宅男宅女提供了生存的保障。网络不再只和计算机有关，它决定我们的生存。当代大学生充分享受网络技术带来的益处，在物质消费和精神体验方面都得到了前所未有的自由，网络成为他们的一种生活方式。学习活动走向网络化，教育走向网络化，人际交往走向网络化，思想意识走向网络化。

2. 网络中的道德问题

网络社会作为一种新型社会，对现实社会及其伦理道德产生了重大冲击。由于网络自身的属性和技术性特征，网络生态环境中也充斥着大量道德失范现象。有学者把网络技术应用引发的道德问题概括为六方面：①虚假信息的欺诈行为；②侵权；③破坏公共信息安全；④信息垃圾、信息污染；⑤个人信息、个人隐私泄露；⑥道德人格困扰。

作家张辛欣甚至列举网络的"十大罪状"：科技与素质无关；网络隐身使耻辱感进一步降低；泄露隐私的欲望空前，虚荣心低水平满足；网站大泡沫；网络浪漫主义结束，完全世俗化；网络加速经济一体化进程，压制网络拓荒者的自由创造力；网络对语言的肢解和破坏；网络使全球文化一体化加速；网络使全球成为一个没有隐私的、透明的人类监狱；网络速度催动内心的浮躁和孤独。① 应该说，以上对网络社会的批评或担忧并不完全持有一种科学理性的乐观态度，从本质上说，网络道德失范现象是网络社会伦理道德的一个缩影。但是，作为互联网技术浸润的一代，网络社会的道德失范问题在大学生群体中同样有着较为典型的体现。

3. 网络德育的概念

"网络"与"道德"本来是两个完全不同领域的问题。"网络"是基于互联网技术构成的一个虚拟世界，"道德"则关注人类伦理道德的现实世界。"网络"与"道德"的交界点，在于网络现实化和道德网络化。在网络这种新的生活方式和生存方式中，人类的道德问题开始从原来的现实世界走向网络世界，现实道德伦理问题逐步走向网络世界。网络与伦理道德问题发生紧密联系。它关乎网络时代中人的行为规范、伦理价值和权利义务。

严耕、陆俊、孙伟平认为："网络道德是对信息时代的人们通过电子信息网络而发生的社会行为进行规范的伦理准则。②"漆小萍、林莉、陈鹏认为："网络道德，顾名思义，是指人们在应用网络时所遵循的行为准则和道德规范的总和。③"邱伟光认为："网络德育是人在处理与网络的关系时应当遵守的道德观念和行为准则。④"朱凤云、张立艳认为："网络道德，是指以善恶为标准通过社会舆论、内心信念和传统习惯来评价人们的上网行

---

① 吕本修. 网络道德问题研究 [M]. 北京：中国社会科学出版社. 2012：19.

② 严耕, 陆俊, 孙伟平. 网络伦理 [M]. 北京：北京出版社, 2000：36.

③ 漆小萍, 林莉, 陈鹏. 解读网络 [M]. 广州：中山大学出版社, 2003：74.

④ 邱伟光. 大学德育 [M]. 上海：复旦大学出版社, 2003：203.

为，调节网络时空中人与人之间以及个人与社会之间关系的行为规范。①"可见，学者主要从道德的边界和规范来谈网络道德。网络道德的边界范围固然是互联网世界及受其影响的现实世界，但它并未脱离道德的本来之义，仍然保持道德的核心，即道德观念与道德意识、道德规范与道德准则、道德行为等基本内容。

网络德育是基于德育的基本目标和内容，以网络为载体或媒介开展德育活动的一种现代德育模式，是高校德育共同体的新场域。网络德育包括两个方面，一是在虚拟世界中开展道德教育，二是利用互联网技术开展德育工作。

与传统道德相比，网络道德是德育工作的新领域，具有新特点也面临新的德育问题，需要高校德育工作者通过网络道德知识的传授，培养大学生的网络道德意识、道德观念、道德意志和道德情感，提高大学生的网络道德水平。网络既是德育工作的环境和载体，也是德育工作的途径和手段，网络德育工作的开展离不开网络技术的支持。通过网络技术丰富德育工作的载体和形式，将网络德育纳入当前德育工作的体系，让德育工作从线下走向线上，让德育工作对象化、具体化，形成真正有效的互动和影响，提高德育工作的实效性。

（二）网络德育的内涵发展

随着网络技术的发展及其对网络道德、网络价值观念的深刻影响，网络德育的基本内涵经历从最初的借鉴转移到生成转化再到整体建构的发展过程。

1. 线下到线上的转移

在网络发展的初期，网络道德观念、网络道德价值尚未形成，人们注意到网络技术的两面性，需要采取必要的手段和途径对其进行规范和限制。网络德育主要从社会道德的一般原则出发，将现实道德中处理人与人的关系的道德原则、道德观念、道德价值转移、嫁接到网络社会面临的道德问题、道德关系上，用以处理和调整网络社会中的道德关系。这一阶段，网络德育不过是将传统德育的工作内容网络化，是德育工作从线下走向线上的转移，可以称之为德育工作的"网络化"阶段。网络德育是现实道德、传统德育领域的一个拓宽和延伸，或者说是传统德育的内容宣传阶段。其自身并未形成德育自觉，德育的方式和手段较为有限。

---

① 朱凤云，张立艳. 互联网效应及大学生的价值取向研究 [M]. 北京：中国社会科学出版社，2016：113.

2. 网络德育的生成

网络技术的发展带来了网络伦理的变化和网络观念的进步。网络社会需要解决和应对自身发展过程中的新问题和新挑战。特别是新的道德伦理问题和技术对网络德育生态的影响。在这一过程中，网络德育必然要生成适应自身发展的德育理论体系和实践体系。人们开始深刻认识到网络社会中的道德行为、道德观念更具有隐匿性，道德的显性功能不断弱化。网络社会甚至对传统德育形成极大的冲击和建构，需要重新认识和评价人的行为、人性的价值和道德问题。这一阶段是网络德育的"舆论期"，只有这样才能在网络德育工作上有所突破。实际上这也是网络时代德育工作的"怀疑期"和"反思期"。通过这种怀疑反思，网络德育实现了对传统德育的一种超越、澄清和再认识。网络德育的发展也逐渐从模仿嫁接阶段向生成阶段发展，新的道德价值、道德观念日益形成和发展，直到形成相对稳定的德育观念、德育模式。

3. 网络德育的完善

在实现从传统道德的转移到逐步生成新的道德价值、道德观念之后，网络道德就面临道德体系建构问题。道德作为一种意识形态，有着历史的、民族的经济基础和文化基础。在当今世界一体化、经济全球化大环境下，道德问题都会在民族性和全球化背景下被审视。尤其对于高校思想政治工作队伍、青年大学生来说，如何在纷繁复杂的多元价值观、道德观、文化观中甄别、选择正确的符合社会主义核心价值观的价值追求和道路诉求显得尤为重要。

网络德育的构建不是无源之水、无本之木，它需要处理两个重要关系：一是道德的传统性与现代性之间的关系，二是道德的民族性与全球化之间的关系。关于道德的传统性与现代性问题，从本质上讲是道德的传承和发展问题。我们既要继承和发扬我国优秀德育传统，也要解决当代的道德问题，即实现道德自身的发展和现代化。关于道德的民族性与全球化问题，从本质上讲是道德的独特性与普遍性的关系问题。毫无疑问，德育工作既具有民族性、文化性的特征，也具有普遍性的规律，特别是在全球化背景下，要在坚守优秀民族德育文化的基础上，促进不同文明之间的交流互鉴，使不同文明能够尊重和理解彼此的道德价值。

二、网络德育的建构

（一）网络德育的主要特征

1. 技术与伦理融合

网络德育是基于网络技术支撑，在网络道德前提下开展的德育活动。伦理的网络技术是网络德育的核心要素。技术深刻影响了网络社会关系和网络道德，二者关系密切。在德育范围上网络技术极大地拓展了德育的时间和空间；在德育路径上，网络技术为网络德育提供了丰富的载体；在德育效果上，网络技术与德育的结合，极大地彰显了德育的主体性。网络德育不能忽视技术因素的巨大影响——技术因素在网络德育中发挥的重要作用及其对网络德育生态的影响。

网络技术与网络道德育有着不同的目的。网络技术，说到底是一种工具和方法，它关注的是生产力问题。而网络道德利用网络技术、与技术合作，只是为了道德自身的发展。"技术与道德是两个不同性质的问题。技术的发展本身并不能带来道德的进步。①"正如萨克塞所言："由于技术只是方法、只是工具，技术行为目的的问题总是存在于技术之外。②"因此技术和道德之间总存在分歧。在网络德育中，技术的使用关乎道德，技术如果得不到有效控制，脱离了技术使用人的目的，终究会与道德分道扬镳。网络德育存在于网络环境中，依托于计算机技术，具有极强的技术性和创新性。它紧跟网络技术的潮流，利用各种技术手段，不断创新工作理念、工作方式和途径开展有针对性的大学生德育活动。但是，技术任其发展也会伤害道德的伦理价值。技术一旦脱离了伦理的控制，就会陷入技术万能的技术主义思维陷阱从而让网络道德失范，甚至控制人的行为，反过来限制人的自由。

基于以上分析，我们需要全面认识技术对网络德育的影响，深刻把握和理性认识网络道德中的技术因素。一方面充分肯定技术对网络德育的促进和革新作用，另一方面也要厘清技术与道德的分界，思考德育的核心目标和工作主旨，在开展网络德育中紧紧围绕育人的根本宗旨，理性看待技术的作用。

在网络道德、网络德育体系中，德育的伦理范围虽然超出了传统德育的内容，成为一

---

① 吕本修. 网络道德问题研究 [M]。北京：中国社会科学出版社，2012：18.
② 萨克塞. 生态哲学 [M]。上海：东方出版中心，1991：289.

种新型的社会伦理形态，但是从伦理价值上看，网络德育的伦理价值与传统伦理价值并无二致。因为在一定区域和历史时期内，网络伦理和道德价值依然有其固有的社会文化和道德基础，生存在网络社会、网络空间中的人先天生活于现实社会环境，现实社会的核心伦理价值、伦理观念在网络社会中依然奏效，技术与伦理二者的有机融合是网络德育发展的终极方向。

2. 主体性与主体间性共生

"主体是一个哲学范畴，指具有认知与实践能力并从事认识与实践活动的人。"将主体概念运用于道德领域，突出了人在道德观念、道德行为中的能动作用。网络德育的主体指在网络社会中进行道德认知与从事道德实践活动的人。它包括网络德育的建设者、管理者与德育对象。

管理者权威性的减弱和德育对象独立性的增强是网络德育主体性的一个重要特征。在高校网络德育体系中，教师被解构为一个多元身份：作为教授知识的教师，其经过科学的训练且具有相当的专业积累，依然具有权威性；在道德方面，教师的地位则已被网络社会的平等性所解构。与此同时，大学生的主体性凸显出来：网络社会的自由性、开放性、隐蔽性和匿名性，给大学生提供极大的自由空间；作为网络社会的重要群体，大学生个性得到了影响。在这种环境中，当代大学生更加重视个人的追求，特别是 95 后和 00 后一代。个性解放和自我实现成为自我主体性的重要价值追求。

主体价值观的多元化是网络德育主体性的另一重要特征。在网络社会中，各种社会思潮汇聚。价值观念日趋多元。特别是大量宣传西方意识形态的文化元素和思想内容，在一定程度上对我国的价值观带来巨大冲击。价值观的多元化突出了大学生个体的道德主体性。但是，这与我国社会主义主流价值观不符，在网络德育中我们必须坚定社会主义核心价值观。

除此之外，网络德育突出了主体间性的显著特征，这也是高校德育共同体建构的重要前提。在高校教师主体去权威性和学生主体性不断增强的过程中，二者的主体性逐渐趋于平等，他们都是网络德育的体验者，在道德诉求、道德体验、道德判断上具有一致性。二者通过对话、争辩和讨论，网络德育的主体之间逐渐达成一致，主体之间形成了一种默契。这就在网络道德空间中形成了一种主体间性。在一种良好的主体间性中，网络社会开始形成共同的价值理念、道德观念和伦理制度。在主体间形成一种良好的互动后，传统的"中心化"主体逐渐被解构。

从主体性和主体间性的视角分析，"去中心化"高度符合网络社会的特征。在网络德育体系中,不同主体的主体性都得到了彰显。主体意识得到极大的解放,一个道德个体不再是德育的中心,不仅他人不是道德的中心,自己也不是道德的中心。个体成为高校社区环境这个"社会关系的总和"中的一员,是高校德育共同体中必不可少的一分子。

3. 对话与互动同在

网络技术的广泛运用使高校德育工作网络化。网络不仅是一种德育场,更是开展德育工作的重要手段和工具。在这种手段和工具的影响下,网络德育彻底打破了传统德育的灌输模式,打破了传统德育的时间和空间,变革了德育的方式和模式。

网络德育的一个重要特征是平等对话。教师与学生之间倡导平等对话。教师不再是高高在上的权威。要将德育工作者的身份去中心化、去权威化。从而实现以人为目的的德育工作。重视学生的诉求,尊重并发挥学生在道德实践中的主体作用。

网络德育的对话模式,可以概括为"人—互联网(机)—人"的对话模式。它与传统的"人—人"德育对话模式具有很大的区别。可以说,网络德育的这种"人机对话"模式解放了人、时间和空间、方法和手段,实现了德育不同主体之间的跨越式沟通与对话。网络德育的对话模式不再局限于同一时间、同一地点。在网络德育的这个开放、互动、共生的德育场中,师生同时在线、在场,营造了一个全新的德育场,学生的主体功能和地位得到彰显。德育对象对教师的德育工作具有快速传播和扩散作用。从这个意义上讲,学生与学生之间也形成一种德育关系。学生不再只是德育的对象,其身份也可转变成德育工作者。

网络德育的另一个重要特征是互动交流。在互动模式上,传统的德育交流模式更侧重师生之间的面对面交流。这种交流是直接的、直观的、形象的。而网络德育的"人—互联网(机)—人"的对话模式在作为德育主体的师生之间介入了计算机这一技术设备,计算机网络成为师生互动交流的一个媒介物。这种交流互动对技术和网络硬件环境的要求比较高,也对师生的媒体素养和计算机技术提出了新的要求。一旦解决了以上问题,与平等对话一样,互动交流将变得轻松容易,它将克服时间与空间带来的局限,极大地节省交流成本,提高互动交流的效率。

传统德育中的对话属于平面性互动,"人—人"之间的交流类型主要有一对一交流、一对多交流,也不排除多对多的交流。网络德育大大扩展了德育主体的交流空间。从德育的互动空间来看,互联网解放了教师开展德育工作的时间和空间。德育工作不再受时间和地点的限制,可以一直保持"在线"和"待机"状态,随时满足大学生的德育需求。从主体功能发挥的效果来看,网络德育的传播效果非常显著。德育工作者和德育对象都在网络平台上发言，表达道德立场和观点。道德观点和立场形成网络德育文本，德育工作能够利用网络平台的传播功能，达到广泛传播的效果，产生巨大的社会影响力。

但是，网络德育的"人机"对话模式也并非有百利无一害。"人机"对话是由计算机通过信息处理技术实现人机符号的转换、处理和传输，将师生交流的语言符号通过计算机处理、转化再传输给交流对象。二者的互动交流由直接变为间接。在这一条件下，网络德育对话模式的弊端在于将人与人，即不同主体隔离。计算机作为冰冷的机器，将德育场中人的本质物化，最终让德育工作在网络环境下出现一定的异化。这一点，对于网络德育工作者来说需要注意。

（二）网络德育的核心内容

与传统德育工作的基本内容相比。网络德育的核心内容并未出现本质性突变。但由于德育工作从线下向线上转移。网络德育具有了技术与伦理的融合、主体性的突显和对话互动性的增强等特点，在德育工作的核心内容上呈现出与传统德育的不同之处。

1. 重视网络思想政治教育

网络生活的生存方式中，互联网已经成为社会意识和社会文化思潮的集中地。互联网作为重要的意识形态阵地，具有明显的政治特征。可以说，政治性是网络德育的重要特征。开展思想政治教育是网络德育的重要内容，高校承担我国人才培养的重要使命，必须坚持社会主义办学方向，积极占领网络思想政治工作的制高点，依托网络环境和计算机技术手段，开展符合当代社会特点和适应当代大学生特征的思想政治教育活动。

一是要加强网络作为意识形态传播的重要阵地建设。技术网络作为先进传播手段具有显著的优势，呈几何倍数的网络传播，能够突破时间和空间的限制，实现最为广泛、最快捷的传播。因此，对于国家主导意识形态而言，网络是传播国家意识形态的重要阵地和舆论平台，通过网络技术传播社会主义核心价值观和价值体系、社会道德观念和优秀传统文化等等，能够实现线上线下全面覆盖和信息的有效传播。

二是要加强网络作为意识形态斗争的重要阵地建设。在互联网的开放空间中，随着各种社会思潮和多元文化的入侵，不良网络思潮对社会意识形态和社会核心价值观甚至国家安全形成重大冲击和严重挑战。通过网络这些信息得到迅速传播，在大学生群体中快速扩散，达到腐蚀思想和文化入侵的目的。我们需要构筑社会主义主流意识形态"防线"，用马克思主义理论占领网络意识形态阵地，在网络中积极与国内外反动势力开展斗争。

2. 加强网络道德伦理教育

马克思主义认为，道德是一种社会意识形态，是人们共同生活及行为的准则和规范。对道德的内容进行研究和考量，包括三个层面的核心内容：一是道德意识层面，二是道德规范层面，三是道德行为层面。对于网络德育来说同样如此，网络道德伦理教育是网络德育的核心内容。

首先要不断增强网络道德意识。从根本上讲，网络道德意识是一种道德自律和人的内在道德需求。网络社会一旦形成，就不断在意识形态层面进行积累，并通过网络文化和社会影响形成网络社会特有的道德意识、道德观念。

网络道德意识包括健康的网络道德观念、理智的网络道德情感、坚定的网络道德意志和牢固的网络道德信念。健康的网络道德观念，即要有基本的网络道德价值判断。对于网络道德而言，什么是对，什么是错，要有清晰的界限；理智的网络道德情感，即要有相对理性的网络道德情感，不能毫不约束地发表个人意见；坚定的网络道德意志指不人云亦云，对于网络道德的价值具有自己的立场；牢固的网络道德信念，能够坚守正确的网络道德信念，能够不受错误的网络观念影响。

其次要积极形成网络道德规范。网络道德规范由传统社会的伦理规范和网络社会的伦理要求共同决定。与传统道德规范一样，网络道德规范及其网络法规属于道德体系中社会性的他律功能。良好的网络道德规范反映了网络社会中绝大多数人的道德诉求，其根本宗旨在于维护整个网络社会的秩序，实现网络社会的良性发展。良好的网络道德规范包括两方面的内容：一是遵守网络社会的"文明公约"，二是远离不文明、不道德的网络陋习。

最后要合理引导网络道德行为。网络道德行为指在网络环境中与伦理道德、伦理价值相关的行为。与现实道德行为一样，网络道德行为是自律与他律的合一。网络道德的自律行为是指大学生具备基本的网络道德常识、健康的网络道德观念、优良的网络道德价值并且能够在网络行为中进行自我规范。网络道德的他律行为是指大学生具备良好的网络道德意识，遵守网络道德规范和法则，明确网络道德法则的边界，能够在网络道德规范和法则下行事。

3. 开展网络心理健康教育

心理健康教育是高校德育工作的重要内容。在网络时代，心理健康教育工作同样是网络德育的重要内容。网络心理教育工作包括两方面的内容：一是研究和解决网络心理问题。二是利用网络技术开展网络心理健康教育工作。

网络心理问题是网络社会出现的一种新型心理问题。与传统心理问题不同，其产生的土壤是网络社会及其网络技术。在网络社会中，计算机成为人赖以生存的载体，人的生活状态常常处于"开机"和"待机"状态。由于青年大学生尚未形成成熟的人格，在自律性不足的情况下，往往会产生沉溺于网络世界不能自拔的主体性矛盾。青年大学生一旦失去控制，容易陷入"网瘾"状态，造成情绪低落、孤独、焦虑、压抑、冷漠等心理障碍和心理疾病。此类心理问题与网络社会生存方式及其特点具有十分密切的联系，高校德育工作者要不断提高心理工作能力和水平，深入研究网络心理问题产生的根源、特点、形成机制和解决方法，拓宽心理工作的视野，积极引导大学生培养良好的心理素质、行为习惯。

利用网络技术开展网络心理健康教育工作开展网络德育的一项基本要求。心理问题及心理健康教育本身具有私密性的特点，高校德育工作是在开展心理健康教育时必须严格遵守相关规定。网络技术是一种"人机"对话模式。它能有效解决心理健康教育工作中的某些私密性问题。在开展网络心理教育工作中，可以利用网络的技术性优势，通过网络心理辅导、网络心理咨询、网络心理知识传授等多重形式和途径开展网络心理教育工作。因此，对于高校德育工作者来说提升开展网络心理教育工作的素质和能力成为职业化、专业化发展的重要方向。

（三）网络德育的重要载体

1. 课程教学环节

第一课堂是高校德育工作的主阵地、主渠道，网络德育仍然要十分重视发挥第一课堂的作用。要充分开发利用网络技术的特性，创新设计网络德育课程，积极探索网络时代教学组织方式，不断提升网络德育教学水平。

一要完善网络德育的课程内容。网络德育要在高校第一课堂中占有一席之地，必须与时俱进，将网络德育的相关理论知识、价值观念、法律法规、伦理规范等内容纳入思想政治理论课课程体系之中。要重视网络德育课程内容的设计。不断将最新的网络德育知识传授给大学生。例如，针对网络时代的网络抄袭问题、学术规范问题以及网络技术安全防范等知识，教师要在课堂上不断强调和重点讲授。

二要创新网络德育的教育形式。在网络德育的课堂教学中，教师需要不断创新网络德育的路径和形式，使之符合网络社会的特色以及新时代大学生的特殊需求。创新网络德育形式，可以从网络社会中寻求资源，突出教育的社会性、实践性特点。强调大学生的主动参与和个性化体验。教师在课堂上主要起到设计和引导作用，让学生自主开展体验式、情景式的自我教育。

三要提升教师的网络德育素养。高校思政课教师要充分利用网络资源和计算机技术，开展网络德育活动，积极构建网络时代下的思政课教学体系，不断提升网络技术素养，针对大学生关注的热点问题开展网络教学、交流对话等，更好地利用网络开展思想政治教育。高校心理健康教育工作者要密切关注技术对大学生心理的影响，通过互联网技术手段有效地开展网络心理健康教育工作。高校辅导员要提升网络德育工作的综合素质和能力水平，将传统德育工作从线下转到线上，适应网络时代德育工作的转变。

2. 专题门户网站

除了课程教学环节外，校园专题门户网站在高校网络德育中也十分重要。目前，高校基本建立了党团建设类、心理健康类、素质发展类、就业服务类、生活休闲类等专题德育网站。这些专题门户网站在建设规模与内容质量上都得到了很大提升，为开展网络德育工作奠定了很好的硬件基础；同时，面对网络技术不断的更新发展，专题门户网站也要积极创新，更好地发挥主流传播渠道作用。

一要重视网站建设数量与质量的协调一致。随着互联网技术的普及与发展，特别是网站建设水平的整体提升，网络技术不再是制约专题门户网站的限制性因素。当前阶段，值得关注的不再是建不建的问题，而是如何有效提高专题门户网站的质量，建设好专题门户网站的问题。在建设专题门户网站过程中，不少高校低水平重复建设造成了网络资源、教育资源的浪费现象。这些低质量的专题门户网站大大影响了师生的审美需求和信息要求，对德育的网络载体也产生不良影响，影响网络德育的传播，必须及时得到改正和调整。

二要重视网站建设与网络德育内容的有机结合。在专题门户网站建设过程中，需要遵守"内容为王"的宗旨。即在提升专题门户网站建设质量时，重视网络门户网站中的网络德育内容建设，积极传播正能量的德育内容、正确的德育知识和正面性的德育观念等，对师生进行有效的教育引导。同时，需要积极依托网络技术，多渠道、多形式开展德育和宣传活动，营造良好的网络德育环境。校园专题门户网站还需要重视校园网络文化建设，健全网络文化载体，树立为师生服务的宗旨，形成良好的网络德育氛围。

三要重视网络形式与网络德育特点的相互统一。在网络时代，网络技术的发展与社会生活保持着紧密的联系，一项新的技术开发会迅速应用到现实生活当中。高校在建设专题门户网站时，需要在形式上紧跟时代特点，结合当前师生对于网络德育宣传的兴趣点、兴奋点，不断挖掘德育内容，创新网络德育的形式。结合网络德育在新媒体上的传播特点，将网络德育与网络形式紧密结合，注重用户体验，形成良好的对话和互动。只有这样，才能发挥专题门户网站真正实现网络德育的载体作用，实现高校德育体系的不断创新和发展。

移动互联网客户端包括手机、平板电脑、电子阅读器等，成为网络时代个人用户体验的一种重要趋势。其中，以手机为代表的移动互联网客户端成为影响大学生群体学习、生活的重要载体。

一要利用移动互联网客户端的网络学习平台功能，加强网络德育学习平台建设。移动互联网客户端是一种新型的网络学习平台，克服了传统学习模式的时间性和空间性，大大丰富了学习的手段和内容。网络在线学习、网络图书馆、网络课堂等学习模式极大地解放了传统的学习方式，让学习变得无处不在。对于高校德育工作者来说，要重视发挥移动互联网客户端的德育学习功能。开发符合大学生特点的学习平台，建设网络德育学习平台的内容，让移动互联网客户端成为网络德育的一种重要手段和途径。

二要发挥移动互联网客户端的自媒体功能，积极做好网络德育的宣传引导工作。基于互联网的技术发展，手机让人与网络世界、人与人之间随时随地保持畅通联系，成为网络时代的自媒体平台和重要工具。通过手机媒体，各类德育信息可以迅速传播给大学生群体，并且形成几何倍数传播效应。高校德育工作者要充分利用手机媒，体积极拓展德行教育的创新渠道，开展形式生动、内容丰富的网络德育工作。同时，对于网络自媒体的运行要把握其传播特点，重视合理引导，把关信息内容，对于可能出现的网络负面内容要有预见性和行之有效的解决办法。

三要重视移动互联网客户端的社交功能，有效发挥网络德育的互动功能。移动互联网客户端作为一种新型网络社交平台，对大学生的人际交往产生了巨大影响。可以说，手机已经成为大学生社交网络文化的重要工具。高校德育工作者必须重视发挥移动互联网客户端的德育作用，熟悉和了解各类网络社交平台的功能，通过与大学生建立平等的社交网络关系，进入大学生群体的人际社交圈，成为他们的好友或粉丝，与德育工作对象保持紧密的交流互动，密切关注大学生的日常生活、人际交往、精神状态、心理健康等各方面的内容。

三、网络德育工作体系

（一）建立和健全网络德育课程体系

当前，我国许多高校并未设立专门的网络德育课程，网络德育的内容只在思想政治理论课中有所体现。这既无法满足大学生网络德育的需求，也不匹配网络德育在现有德育体系中的地位和作用。第一课堂作为宣传和传播网络道德规范、传播网络德育知识的重要阵地，必须加快建立和完善良好的网络德育课程体系。

教师作为高校德育工作的重要主体，既是传播和宣传网络道德规范的责任人，也是传播网络德育知识的权威者和表率者。教师作为高校德育的主导者、组织者和建设者，要不断提高自身网络素养和基本技能，开展适应当代大学生特点的网络德育活动，包括网络德育教材的编写、开展网络德育知识讲授以及通过第二课堂进行网络德育训练等等。高校思想政治理论课是高校德育的主渠道，可以借此开设网络道德课程，开展网络道德和法制教育，提高广大学生的网络道德意识和网络道德水平。

高校思政教师（包括辅导员）作为高校德育工作的骨干力量，要积极探索加强网络德育课程体系的构建。除了课堂德育之外，大量德育工作需要依托第二课堂、第三课堂等实践环节来实施，这些也是高校德育课程体系的重要组成部分。思想政治工作队伍需要有意识建立健全网络德育工作体系。包括建立囊括新生入学的始业教育、人才培养环节的实践教育和毕业教育等各个环节，加强对大学生网络德育知识、理念和价值观的教育引导。同时，要利用互联网等技术手段，开展形式多样的网络德育课堂，通过网络技术来开展网络德育课堂教育。

（二）制定和完善网络道德规范

网络道德规范是网络德育的重要他律要素。在网络社会中，网络道德法律法规和相关道德规范对于维护良好的网络秩序具有十分重要的作用，高校教师直接面对学生，了解和熟悉网络时代大学生的特点，具有专业的理论水平，在制定和完善网络道德规范过程中可以发挥积极作用。

许多国家学界高度重视网络道德规范建设，研究制定了一系列网络道德规范，以美国为例：南加利福尼亚大学提出了六大网络不道德行为类型，即：1. 恶意地造成网络通信混乱或擅自闯入网络及相连的系统；2. 商业性地或欺骗地利用大学计算机资源；3. 偷窃资料、设备和智力成果；4. 未经许可而接触他人的文件；5. 在公共场合做出引起混乱或造成破坏的行为；6. 伪造电子邮件信息。另外，美国相关学术机构和学者十分重视建设和弘扬健康的网络道德价值。例如美国计算机伦理协会相关学者制定了"计算机伦理十诫"：1. 你不应当用计算机去伤害他人；2. 你不应当干扰他人的计算机工作；3. 你不应当偷窥他人文件；4. 你不应当用计算机进行偷盗；5. 你不应当用计算机作伪证；6. 你不应当使用或拷贝没有付过钱的软件；7. 你不应当未经许可而使用他人的计算机资源；8. 你不应当盗用他人的智力成果；9. 你应当考虑你所编制程序的社会后果；10. 你应当用深思熟虑和审慎的态度来使用计算机。美国计算机协会引导会员遵守以下伦理道德和职业行为规范：1. 为社会和人类做出贡献；2. 避免伤害他人；3. 要诚实可靠；4. 要公正并且不采取歧视性行为；5. 尊重包括版权和专利在内的财产权；6. 尊重知识产权；7. 尊重他人的隐私；9. 保守秘密①。

（三）净化网络德育的外部环境

高校作为开放性的德育社区，需要重视德育的外部环境要素和条件。不可否认，当前网络德育的整体环境不佳。对高校大学生来说，网络上充斥着大量不健康的无用信息，通过网络传播发挥着极其不利的影响，严重影响了当代大学生的健康成长。如何净化网络德育环境成为当前高校网络德育的一个重要课题。只有营造健康有序的网络道德环境，才能进一步优化校园文化和育人环境。

一方面，网络社会的建设者、管理者致力于建设健康有序的网络秩序，打造有利于网络道德发展的良好生态环境。例如通过网络立法、树立网络价值观、宣传教育等途径，并通过一系列网络技术手段净化和梳理网络德育的生态环境。另一方面，网络时代是一个技术取胜的时代，技术无往而不胜，为治理和净化当前网络德育生态环境，可以从人与技术的关系中去寻求解决问题之道。要克服当前网络社会带来的负面影响，必须回到技术的源头去解决这一问题，发挥技术本身的力量。归根结底，"人类依靠技术才能控制技术"②。互联网技术在维护网络安全方面发挥了重要作用，例如，利用网络安全技术开展网络舆情监控、进行大数据分析、维护网络安全（防止黑客入侵、病毒和犯罪等）、过滤过剩信息等等。在网络德育环境的净化上，同样需要依靠网络技术手段，发挥网络技术的净化作用。当前，网络技术在网络防范、网络监督方面尚不健全，特别是高校需要发挥网络技术的防范、监督和引导功能。实现依靠技术、发展技术来净化网络道德环境的目标。

作为当今世界互联网社会中的一个国家或区域性网络社会，在治理区域性网络生态环境时，也不能忽视全球网络社会的整体生态环境。网络社会已然将我们紧密地联系在一起，我们共同分享网络技术带来的进步的同时，也共同遭受着网络社会所带来的困扰。这种困扰体现在网络伦理生态环境上，在伦理道德价值上必然有着求同存异的需求存在。这也是当今全球互联网文化所追求"开放、共享、创新、自由、平等"共同价值观的核心要义。③

---

① 朱凤云，张立艳. 互联网效应及大学生的价值取向研究 [M]. 北京：中国社会科学出版社，2016：124.

② 朱凤云，张立艳. 互联网效应及大学生的价值取向研究 [M]. 北京：中国社会科学出版社，2016：124.

③ 国家互联网信息办公室. 北京市互联网信息办公室. 中国互联网20年·网络大事记篇 [M]. 北京：电子工业出版社，2014：3.

第八章 中国传统文化与高校德育教育的融合

第一节 中国传统文化与德育相融合的价值意义

一、中国传统文化与德育相融合的必要性

人类的任何活动都离不开其所处的文化环境，德育作为一种以"育人"为目标的教育实践活动，同样离不开其所处的整体文化环境。正因如此，文化性不言而喻，亦成为德育的重要特征之一。

（一）德育自身发展的内在要求

在我国，德育作为一种教育实践活动，其根本目的是提高人的思想道德素质，促进人的全面自由以及自主发展。人的全面自由发展，自然而然地包含了文化素质的要求，因此，德育离不开对文化的关注。

中国传统文化作为一种崇德行文化，在长期的历史发展过程中汇总形成了"文化化人"和"文化育德"的优良传统，使其自然而然地成为德育重要资源的来源之一。因此，我国的德育要进一步发展创新，就必须重视其文化性，必须从中国传统文化中有选择地汲取更加丰富的教育资源。换言之，中国传统文化与德育相融合，是德育自身发展创新的内在要求。

（二）文化自觉与文化自信的要求

所谓文化自觉，是指生活在一定文化中的人对其文化有自知之明，明白它的来历、形成过程、所具有的特色和它发展的趋向，不带任何文化回归的意思，不是要复旧；同时，也不主张全盘西化或全盘他化。换言之，即文化的自我觉醒、自我反省、自我创建。所谓

文化自信，则是指一个国家、一个民族、一个政党对其自身文化传统和内在价值的充分肯定，对其自身文化生命力的坚定信念。

世界上任何民族的传统文化都有其积极的方面，同样，也有其消极的方面。一个民族的文化能否实现自觉和自信，在很大程度上取决于对传统文化扬弃的客观与科学态度。可以说，对传统文化的理性批判、合理继承、勇于创新，正是文化自觉的本质要求。也就是说，一个民族能否对其自身的传统文化进行客观的评价和认识，关系着一个民族"文化自觉"的实现与否。

当前，我国德育的重要任务之一，就是在正确的方向指导下，按照"取其精华，去其糟粕"的原则，充分肯定中国文化传统的内在价值，坚定中国传统文化的自信心，努力挖掘中国传统文化的当代价值，不断包容借鉴其他外来文化中的优秀精华，并将其吸收内化，使中国传统文化和现代德育优化整合，从而实现中国传统文化的现代转化和创新发展，进而真正实现文化自觉与文化自信。

（三）形成和发挥文化软实力的基本保证

文化软实力是指一个民族、国家或地区的文化影响力、凝聚力和感召力，是国家软实力的核心因素。这是因为，文化作为一个国家的灵魂或血脉，凝聚着这个民族对世界和生命的历史认知和现实感受，积淀着其最深层的精神追求和行为准则，并承载着整个民族自我认同的核心价值取向。

作为一个由56个民族组成的统一多民族国家，加强对五千年来绵延发展而从未中断过的中国传统文化软实力的开发和建设，充分发挥其对全国各族人民的思想教育和价值引导作用，就显得尤为重要。

因此，中国传统文化软实力要最终实现其对外的亲和力、渗透力，以及对内的凝聚力和塑造力，则必须通过思想教育和引导的方式来进行和完成。中国传统文化和德育的有机融合正是中国传统文化软实力得以形成和充分发挥的基本保证。

（四）探索德育新路径的必然选择

德育具有文化属性，需要以文化为依托。中国传统文化与德育相融合，是应对目前德育存在的困境，探索德育新路径，提高德育实效性的必然选择。当前，在全球化时代背景下，多元文化并存态势越来越明显，大学生的价值观念、思维方式和行为方式都较以前发生了剧烈变化，这对高校德育提出了严峻挑战。

因此，要真正发挥中国传统文化在高校德育过程中的作用，摆脱高校德育所面临的困境，我们必须具有高度的文化自觉意识，探索建立中国传统文化与德育有机融合的最佳机制。

二、中国传统文化与德育相融合的可能性

中国传统文化与德育在教育目标设置方面都直接指向人，指向人的思想道德素质的提高。同时，它们在目标的最终指向属性上都回归到政治属性上。这体现了二者目标的一致性。除了在目标设置与指向属性有着一致性之外，中国传统文化与德育在内容方面也存在着许多相通相合之处。而二者在教育模式方面的不同，则使二者有了很强的互补性。这些都为中国传统文化与德育之间相融合创造了重要的可能性条件。

（一）价值观的契合之处

社会主义核心价值观是社会主义核心价值体系的内核，其基本内容包括：倡导富强、民主、文明、和谐；倡导自由、平等、公正、法治；倡导爱国、敬业、诚信、友善，积极培育社会主义核心价值观。

其中，富强、民主、文明、和谐，是我国在社会主义初级阶段的奋斗目标，体现了社会主义核心价值观在发展目标上的规定，是立足国家层面提出的要求。自由、平等、公正、法治，体现了社会主义核心价值观在价值导向上的规定，是立足社会层面提出的要求，反映了社会主义社会的基本属性，始终是我们党和国家奉行的核心价值理念。爱国、敬业、诚信、友善，体现了社会主义核心价值观在道德准则上的规定，是立足公民个人层面提出的要求，体现了社会主义价值追求和公民道德行为的本质属性。

社会主义核心价值观三个层面的要求也为我国的德育指明了方向，它要求德育必须在理念上进行全面的更新，体现在德育实践中，就是要以个人的发展需求为本，教育内容要以社会主义核心价值观为主导，教育方法要尊重个体差异，教育途径要吸纳隐性教育的优势等。

而中国传统文化作为中华民族历经五千余年的演化而汇集成的一种反映民族特质和风貌的民族文化，是中华文明的结晶，它源远流长，博大精深，形成了崇德善仁、贵和持中、进取包容、谦敬礼让、忠公重义、求真务实等内涵十分丰富的价值观念，这正是我国现阶段社会主义核心价值观的重要理论来源和发展动力之一。

可以说，中国传统文化所倡导的价值观念与我国当前的德育所倡导的社会主义核心价

值观有着许多相契合之处，这也是二者之所以能够相融合的重要条件之一。当然，这并不是说，中国传统文化倡导的所有价值观念都是正确且适合我国现阶段的德育状况，因此，我们应该秉承批判与继承的态度来区别对待、使用它们。

（二）目标的一致之处

我国德育的根本目的是，提高人们的思想道德素质，促进人的自由全面发展，激励人们为建设中国特色社会主义、最终实现共产主义而奋斗。

这一根本目的包含两方面的内容：一是提高人们的思想道德素质，使人们具备良好的思想道德素质，如崇高的理想、优良的品德、强烈的事业心、责任感、坚强的毅力、严格的纪律等，这是我国德育的内在目的。二是促进人的自由全面发展，这是我国德育的终极目的。这两方面的内容构成了我国德育的根本目的，是德育的灵魂和旗帜，直接规定了德育的共产主义方向。

我国德育与中国传统文化在目标设置上都指向人，指向人的思想道德素质，都将对人的思想道德素质的培养和提高放在首要核心位置上。注重对人的美好的道德品质的培养和提升，则体现了二者在育人目标上的一致性。

此外，我国德育以共产主义为方向，不论是提高人们的思想道德素质，还是促进人的自由全面发展，都是为了更好地激发人们建设中国特色的社会主义，为最终实现共产主义而努力。这也表明了，政治属性是我国德育的根本属性。而中国传统文化也特别注重培养个人与家族、国家、社会的良好组织关系，强调"修身、齐家、治国、平天下"。可以看出，中国传统文化培养"格物、致知、诚意、正心"之人的最终目的毅然回归到"治国平天下"的政治属性上来。因此可以说，我国德育与中国传统文化的教育目标最终都指向了政治属性，这也体现了二者在最终目标指向属性上的一致性。

（三）内容的相通之处

从中国传统文化和德育各自所包含的内容来看，也存在着许多相通相合之处，二者之所以能相融合，与两者之间存在着的这种相通相合之处有着密切关系。

第一，中国传统文化中的"大同理想"，与德育内容中理想教育的共产主义理想之间存在着一定程度的相似之处。这种相似性的存在使中国先进的知识分子更容易理解和接受正确指导方向的伟大理想，从而促进了其在中国的传播。

第二，中国传统文化中，朴素的唯物辩证法思想与德育中最根本性的教育内容，即科学的世界观教育之间亦有相通相合之处。德育中的世界观教育包括辩证唯物主义两方面的内容。

而中国传统文化中则一贯重视"经世致用"，着眼于从物质生产条件，以及民心向背的角度，来思考历史的兴衰更替，着眼于从人民的物质生活出发，来研究社会的道德与文明。由此可以看出，中国传统文化中的这些观点，其实与历史唯物主义的观点有着相通相合之处。

除此之外，中国传统文化中还蕴藏着朴素的辩证法思想。中国传统文化中所蕴含着的朴素的唯物辩证法思想，与辩证唯物主义和历史唯物主义之间，在价值定位和思想倾向上，亦存在着相通相合之处。

可以说，正是由于中国传统文化与思想道德教育内容之间的这种相通性，才使二者有了相融合的可能性，进而使德育得以在中国传统文化这一丰厚的历史土壤中不断地获得新的发展。

（四）教育模式的互补性

德育的方法多种多样，有理论灌输法、实践锻炼法、自我教育法、榜样示范法、比较鉴别法、咨询辅导法等。其中，理论灌输法是德育最主要、最基本的方法。作为一门意识形态色彩极为强烈的科学，德育自然需要通过理论灌输法，来对受教育者进行理论教育。不过，在我国以往的德育实践中，长期以来对其德育功能尤其是意识形态功能的过分强调，而对其文化功能缺乏应有的关注，这就使得德育一直偏重于简单空洞的理论说教和意识形态的直接灌输。

德育对意识形态的过分强调，使其自身的文化属性和人文精神受到遮蔽。中国传统文化的教育方式则正好弥补了现代德育模式的不足。

第一，中国传统文化注重渗透而非灌输，强调"以文化人"，受中国传统文化影响而形成个性品质、思想观念、行为模式等。一旦形成就会内化、积淀、渗透于社会成员的灵魂深处，很难改变。

第二，中国传统文化注重引导人内心深处的自觉意识，引导人们通过"自省""内省""慎独"等内在自省的方式，来反思自己的思想和行为中的不足与过错，进而使人们在认识上达到真正的"知"，不断提升自身的道德修养，使自己不断接近圣人的道德境界。不过，以自觉内省方式来提高自身道德修养，最终是为了付诸道德实践。

第三，中国传统文化注重"知行合一"的道德践履而非空洞说教。可以说，"知行合一"正是我国传统文化经过长期的实践探索和理论总结所形成的极具特色的思想道德教育的方法论系统。

因此，我国现当代的德育应该借鉴和吸收中国传统文化所提倡和践行的这些潜移默化的渗透、自觉的内在自省，以及"知行合一"等教育模式，来改变我国现当代德育单一枯燥的教育模式，弥补我国当前德育模式的不足，引导全体社会成员积极主动、自觉地反思自身，不断提升自身的思想道德素质，培养自己良好的道德品质，提升我国当前德育的实效性。

三、中国传统文化与德育相融合的价值

（一）有助于提高人们的思想道德素质和文化素养

我们知道，崇尚道德是中国传统文化的核心价值取向，崇德、重德、德教是中国传统文化几千年来的优秀传统。中国古代教育教学科目繁多，早在先秦时代就包括礼、乐、射、御、书、数六艺。然而，这种纯知识或技能的教育，并不是中国古代教育的终极目的。它通过对受教育者各个方面的教育与培养，意在培养德才兼备，不断接近达到理想品格之人。这种传统在中国整个古代社会一直延续下来而没有中断。可见，中国传统文化对道德的崇尚与对个人德行培养的重视。

将中国传统文化中优秀的德育思想不断融入德育，不仅有助于中国传统文化自身的发展，也有助于改变我国当前德育工作中过分偏重理论灌输的教育模式、受教育者消极被动等教育困境，有助于消除功利主义、享乐主义、拜金主义、个人主义等各种不良的价值观对人们的消极影响，有助于人们树立正确的人生观与价值观，提高人们的思想道德素质和人文文化素养。

（二）有助于增强民族凝聚力和培养爱国主义精神

文化具有民族性，是维系民族团结和共同价值观念及生活方式的纽带。中国传统文化是中华民族在世世代代的生活环境中所创造出来的精神文化，是包括海外华人在内的所有中华儿女的精神支柱。由于共同的文化心理，每位中华儿女，不论何时何地，都对中国传统文化有着自然而然的亲切感和认同感。同时，这种文化认同感在一定的历史条件下，还可以调和国家或民族内部不同阶级、阶层和群体之间的对抗性矛盾。

此外，当国家或民族由于种种原因尤其是因为统治者腐败骄横而处于落后状态时，人

们往往会对国家或民族团体产生失望心理和不满情绪，造成国家和民族的凝聚力下降，但是，由于共同的文化心理，绝大多数人，特别是有识之士，能很自然地将腐败者同民族、国家分离开来，从爱国的目的出发反腐败、除奸恶，而不会因社会的一时黑暗而抛弃自己的民族和祖国。上述这些，都是文化认同的民族凝聚力所在。

爱国主义一向是中华民族的优良传统，是中华民族生生不息、自立于世界民族之林的强大精神动力。继承和弘扬爱国主义优良传统，是对我们每一个公民的基本要求。

因此，在我国当前的德育中，加强中国传统文化教育，显得尤为重要。充分发掘其中的德育资源，有助于我们弘扬传统文化中所具有的民族精神，有助于我们增强民族文化认同感，进而有助于我们树立民族自尊心和自信心，增强民族凝聚力，有助于我们继承和弘扬爱国主义优良传统，培养爱国主义精神。

（三）有助于挖掘更加丰富的德育资源

崇尚道德，重视道德教化，以及其注重渗透、自觉自省与践履的道德教化方式，是中国传统文化一以贯之的重要特征。中国传统文化的这些特征，不仅使其具有了浓郁的"以文化人"的人文精神，而且也使其在数千年的历史积淀中，在诸多方面，为我国当前的德育提供了丰富的教育资源。

首先，中国传统文化以对圣贤人格的追求作为道德教育的目标，着重培养人的道德品格和社会责任意识，引导人们向圣人、君子等理想人格看齐，从而不断地提升自己的道德水平和人生境界，进而不断接近甚至达到"止于至善"的道德理想。

其次，中国传统文化注重整体观念的培养，追求天人合一的自然观念，倡导自强宽厚、群体至上的民族精神和国家观念，秉持和而不同的社会及人际关系，践行开放融通的创新精神，强调诚信求真的道德品质，追求内圣外王的理想人格与人生取向，等等。

再次，中国传统文化注重言传身教。强调教育应该遵循身正为范、因材施教、循序渐进等基本原则。

最后，中国传统文化注重"知行合一"的道德教育方式。强调学思结合、向内自省、身体力行、追求"慎独"等基本的道德教育方法。

可以说，中国传统文化中内在蕴含着丰富的德育资源。因此，重新审视中国传统文化的价值所在，努力挖掘其中与德育相通相合的教育资源，正是中国传统文化与德育相融合的必经之路；反过来，中国传统文化与德育的不断融合，也有助于我们以更积极的主动意识去发掘中国传统文化中丰富的德育资源。

（四）有助于拓宽德育的研究视野

德育学科自建立起，就一直笼罩着浓重的政治色彩，成为我国特有的一门应用学科。不可否认，德育为我国的社会主义事业发挥了巨大的政治功效。然而，分析其概念的内涵，我们知道，德育并非我国所特有，它是阶级社会普遍存在的一种教育实践活动，只不过在其他国家，它是以公民教育、国民精神教育、道德教育、文化教育等名称存在。不过在我国，长期以来，由于德育被赋予过于浓厚的政治色彩，其被限定在一个固定的框架内，人们只能用一种严肃的单一枯燥的话语系统来对其解读，而不能自由地多视角地对其进行审视与研究，这就使得德育的研究视野亦相当狭窄，德育学界也一度陷入沉寂僵化的状态。后来，伴随着中国社会的开放转型与快速发展，德育亦不断拓宽研究视野，以顺应时代发展的要求。

因此，将蕴含着丰富德育资源的中国传统文化融入德育，不断挖掘其中可利用的德育资源，有助于拓宽德育的研究视野，有助于人们从不同视角来对德育进行审视和研究，进而有助于改变其单一枯燥的话语系统和理论灌输说教模式，使其更好地适应时代和社会发展的要求。

（五）有助于拓展德育学科的创新途径

一门学科想要有所创新发展，就必须借鉴其他学科的理论成果，与不同学科之间交叉渗透，以获得新的理论生长点。作为一门明确指向"人"的学科，德育本身就是哲学、教育学、心理学、伦理学、政治学、逻辑学、美学等多门学科交叉渗透的产物。德育要有所创新发展，就必须继续加强与其他学科的交叉渗透研究。作为一门综合性、实践性都很强的应用型学科，德育的根本任务是解决人的思想问题。

在我国，德育学科经过30多年的建设发展，取得了巨大成就，为我国的社会主义建设事业做出了巨大贡献。然而，随着时代的发展，在当前经济全球化与信息爆炸化的背景之下，多元文化不断冲击着人们的头脑，人们的思想观念、认知水平，以及价值取向等，都发生了重大变化，不再受制于传统被动的德育理论灌输与说教模式，更加注重个体的自由发展。这些变化都使德育工作增加了新的难度，对德育工作者和德育学科自身的发展提出了新的要求和新的挑战。

中国传统文化正是由于其自身对道德教育的推崇与重视，及其教育内容的丰富性、教育方法的渗透性等原因，而重新回到德育工作者的研究视野。因此，中国传统文化与德育互相交叉渗透融合，拓展了德育研究的新视角，亦成为德育创新的途径之一。

第二节　坚持正确指导和批判继承的原则

一、坚持正确指导方向

我们必须坚持以正确指导方向作为我国德育的指导思想，在中国传统文化与德育相融合的研究中，要正确把握中国传统文化与德育的内在关系，正确把握中国传统文化在当代德育中的应有地位。应该说，对中国传统文化的研究，必须坚持以正确指导方向为指导，二者之间是支援意识与主导意识的关系，我们在努力挖掘中国传统文化的德育资源时，必须将中国传统文化视为德育理论的支援性资源，而不能本末倒置。

二、坚持批判继承的原则

在探讨中国传统文化应该如何融入德育这一问题之前，我们有必要了解清楚中国传统文化与现代性之间的关系。对于二者的关系，传统文化与现代性的关系大体包括四方面：一是契合性，二是冲突性，三是潜现代性或准现代性，四是后现代性。也就是说，在中国传统文化中，既存在着可以直接古为今用的德育资源，也存在着完全不适应当代德育需求的糟粕性内容，还存在着必须经过现代转化才可以发挥作用的德育资源。

因此，我们应当基于现代转化的视角，本着"取其精华，去其糟粕；古为今用，推陈出新"的原则，理性分析中国传统文化对于当代德育的价值。具体而言：

（一）坚持批判性原则

批判性原则是指对待文化不应该完全地接受或否定，而应该批判地继承。这也正是我们对待中国传统文化的正确态度。与世界上任何一种文化相同，中国传统文化，既存在精华也存在糟粕，中国传统文化中的优秀精华培育了我们的民族精神，而中国传统文化的糟粕也形成了我们的国民劣根性。因此，在中国传统文化与德育相融合的过程中，我们应该秉承"取其精华，去其糟粕"的批判性原则，对中国传统文化进行理性审视，在吸收、融合其优秀精华的同时，还要对中国传统文化中的糟粕进行认真的批判和清算，以消除其对人们的思想造成的不良影响，使其适用于我国当前的德育。相反，如果我们照搬中国传统文化而不对其进行理性审视，就可能将其中的糟粕内容也一并带入德育中，从而对德育的发展产生阻碍的作用。

（二）坚持创新性原则

中华文明之所以历经五千余年而绵延不断，正是由于中国传统文化自身所具有的包容与开拓的自我革新精神，它才能在与各种外来文化的不断冲突与碰撞中，借鉴、吸收其精华并将其内化于自身，使中国传统文化不断突破自身缺陷，从而完成自身的发展创新。而近代中国之所以走向衰败，也正是由于其闭关锁国的自我封闭，使其不能突破自身的缺陷，进而被同时期极富开拓扩张精神的西方文明所超越。因此，我国当前的德育只有不断借鉴吸收中国传统文化，以及其他西方文化中丰富的德育资源，才能改变其自新中国成立以来的重意识形态说教而轻文化化育的缺点，改变其陈旧僵死的内容与模式，不断开阔其发展创新的新视野与新渠道。

（三）坚持适度原则

作为德育学科的研究方向之一，中国传统文化与德育研究是在诸多学科领域的交叉视野中进行的。我们在研究中必然要借用其他学科的理论成果，如中国哲学史、中国教育史中关于古代道德教化理论及其运行模式的研究，中国伦理学史、中国德育史中关于古代道德教育理论的研究，以及其他学科的研究方法，如对中国传统文化价值的解读方法等。但是，应当注意的是，这些学科的研究成果只是从方法论与研究内容上提供借鉴，而并不能取代德育学科的独立思考。只有在研究中凸显德育学科的独特立场，才能够使得这一研究方向不至于被淹没在其他学科领域中无法脱身。因此，借鉴其他学科的研究成果或研究方法必须是适度的、有条件的，决不能把其他学科的研究内容照搬过来，或者用其他学科的内容来拼凑德育的内容。

（四）坚持渗透性原则

与强制灌输原则不同，渗透性原则强调了文化对人的熏陶感染，使人们在潜移默化中主动接受新的知识、技能或思想观念等，它有助于发挥受教育者的积极性和主动性。因此，在中国传统文化融入德育的过程中，就要注重渗透性原则在德育实践中的运用，让人们在潜移默化中培养良好的思想道德素质。

（五）坚持互补性与互容性原则

长期以来，我国的德育实践往往过分关注其意识形态功能，而忽视其文化功能，这就使得德育一直偏重于简单空洞的理论说教和意识形态的直接灌输，进而使其人文精神受到蒙蔽。中国传统文化的教育方式，则正好弥补了现代德育模式的不足，二者存在一定的互容性、互补性。二者的互容互补，有助于弥补我国当前德育模式的不足，引导我国德育模式等的创新发展，进而增强德育的实效性。

第三节　中国传统文化与德育相融合的路径

一、将中国传统文化纳入德育范畴

由于照搬其他国家的模式，新中国成立以后，我国在德育实践中一直偏重于某些方面的意识形态教育，只强调正确指导方向和世界观的教育，而排除中国传统文化的教育，德育的文化功能被排除出去。由于缺乏厚重的文化资源的支撑，我国的德育变得教条僵化、空洞枯燥、难以服众，陷入一种尴尬局面。目前，这种局面虽然有所改观，但仍未彻底改变。

因此，我们有必要重新审视德育的文化功能，基于对德育文化环境的考量，要彻底改变我国德育的这种尴尬状态，促进德育的创新发展，必须将中国传统文化作为德育重要的资源，纳入德育范畴。在高校中开设中国传统文化课程，如讲授《周易》《诗经》《楚辞》《论语》《孟子》《大学》《中庸》《荀子》《韩非子》等中国传统文化经典典籍，并揭示其现代价值等，使学生在中国传统文化的熏陶下，不断提高自身的思想道德素质和传统文化素养，实现德育的育人目标。

二、在全社会营造良好的中国传统文化氛围

历史经验告诉我们，任何民族在任何时代发展文化，必须重视弘扬本民族的传统文化。一个国家或民族如果离开了本民族的传统文化，就会丢掉文化之根、文化之魂，失去发展的方向。

社会文化环境通过融合在人们周围的各种教育因素，间接地、潜移默化地影响人的思

想和价值取向,影响德育的内容和方式;同时,德育也需要社会大环境的支持和帮助,只有整个社会认同重视中国传统文化,才有中国传统文化与德育相融合的土壤和基础。以高度的文化自觉和自信营造全社会重视传统文化、发展传统文化的良好氛围,是时代的呼唤,也是全社会的责任和义务。

人们应该吸取历史的经验教训,客观地认识中国传统文化,批判地继承中国传统文化中的优秀部分,为中国传统文化与德育的融合营造良好的社会氛围。具体来说,作为中国传统文化教育的领导者和推动者,国家和政府要在思想上高度重视中国传统文化教育在全社会的推广工作,要重视对中国传统文化资源的挖掘和运用,在全社会开展丰富多样的中国传统文化活动,并配合以相应的制度建设,通过起草出台加强传统文化教育的文件,从领导体制、规章制度、经费投入等方面提供制度保障,确保中国传统文化教育活动能够在全社会持续稳定地开展下去。

例如,可以通过加强对我国非物质文化遗产的保护和宣传,完善法规、制度措施,强化全民保护意识,培养弘扬传统文化的社会风气和良好习惯。可以通过拓展传统文化的舆论空间,在学校、工厂、军营、车站、机场、码头等各种公共场所,设置标语、图片、宣传画等载体,展示中国传统文化,让人们生活在中国传统文化的氛围中,时时处处接受传统文化的教育,感受传统文化的魅力。可以通过新闻媒体设专栏、办专刊,介绍中国传统文化,开展传统文化研讨活动,加大宣传力度,展示传统文化之美,形成舆论环境。可以开展以弘扬传统文化为题材的创作演出活动,让传统文化走上艺术舞台,进入影视节目和文学作品,在潜移默化中培养人们对中国传统文化的兴趣与爱好,让人们接受传统文化知识。可以引导和支持广大社会团体、公共部门最大可能地开放相关资源,让越来越多的人走进历史文化场所、走向文化舞台、亲近传统文化等。只有全社会都形成了正视、重视中国传统文化的良好氛围,才能使其更好地融入德育,中国传统文化与德育的相融合,就不仅是应然之态,更是实然之举。

三、加强科研与教师队伍建设,提高科研与教学能力

中国传统文化与德育这一研究方向,要求教师与相关研究者必须具备两方面的专业学术能力:

一是必须具备深厚的中国传统文化功底,能够恰当运用中国哲学的研究方法诠释传统典籍,并能够呈现中国古代文化思想的真实面目,避免当前的泛泛而论与牵强附会的现象。

二是必须对德育原理有深入的了解，同时，能够正确、及时地把握党的方针、政策与路线，坚持以正确指导方向立场作为传统文化研究的指导。研究者只有同时具备这两方面的素养，才有可能取得高质量的成果，这一学科方向也才能在德育学科获得优势地位。

然而，目前在中国传统文化与德育这一研究领域，真正能同时达到这两方面要求的学者少之又少。这也是目前中国传统文化与德育这一研究领域存在的重要问题。

因此，我们必须加强这一研究领域的科研与教师队伍建设。首先，可以邀请不同学科的权威专家对这一研究方向的教师与科研工作者进行有针对性的培训或讲授，增强他们对中国传统文化与德育这两个方向的综合交叉研究能力。其次，要增加相关研究方向的科研项目和学术研讨交流机会，使其在深层次学术交流探讨中增强对两种学科知识的融合度。最后，要提高相关科研项目经费，提高相关专业教师与科研工作者的待遇，增加教师与科研工作者的专业认同度。

此外，还要适当增加教学任务，使他们在教学活动中进一步提高教学能力，改进教学方法，等等。

四、关注社会现实，引入问题意识

理论研究唯有对社会现实做出积极回应，才能获得持续发展的源头活水。在德育中，对中国传统文化中的德育资源的挖掘与阐释，不应当仅仅陶醉于概念的界定与理论体系的呈现，更为重要的是，应该能够对人们所关注的现实问题做出有效的回应，使理论研究获得开阔的视野与济世的情怀。

因此，关注社会现实，从实证调查入手，在寻找问题、引入问题中确定研究的切入点，不断开阔学术视野，是中国传统文化与德育相融合研究的重要途径，是我们应该广泛运用的研究方法。

五、将中国传统文化纳入教学计划

德育工作者应该以高度的文化自信和理论自觉，不断推进中国传统文化与德育的互动融合，使优秀传统文化通过创造性转化成为德育的不竭源泉。面对德育的新任务和新要求，对优秀传统文化资源的开发还须做大量艰苦细致的工作，须更进一步对优秀传统文化进行细致梳理和深入发掘并加以"扬弃"，切实做到古为今用，推陈出新，使优秀的中国传统文化精华服务于德育。

首先，要改善德育原有的课程设置。课程的开设，离不开一定的学科专业要求。目前，中国传统文化与德育已成为德育学科的重要研究方向之一。因此，中国传统文化的内容亦应该系统地体现在德育理论课程的设置中。

虽然中国传统文化与德育已成为我国德育学科的重要方向之一，但其相关内容并没有系统地体现在课程设置中，课程设置落后于学科方向的建设。因此，在德育中，除了原有的德育理论课，还可增设相关中国传统文化的必修课程作为必要补充，不断推进中国传统文化与德育相融合，进而促进德育的进一步创新发展。

其次，要在教材中增加中国传统文化内容。教材是进行德育教学的必要载体，目前我国德育理论课使用的是教育部的统编教材。这些教材的"概论""纲要"性，决定了其很少能体现中国传统文化的内容。

再次，要将中国传统文化引入德育的课堂教学中。我们知道，课堂是学校进行德育的主要阵地。通过课堂，课程才能落到实处，教材方能变活，教案才可实施。因此，教师应通过影视作品的播放、文化专题的讨论、文化论题的激辩、文化名著的导读、经史子集的解读、名篇读后交流等多种形式，将中国传统文化引入德育的课堂教学中，结合德育理论课的教学，围绕普及和弘扬中国传统文化知识，培养学生对中国传统文化的兴趣与爱好，为德育营造浓厚的传统文化氛围，提升德育的实效性。

最后，举办中国传统文化相关讲座。讲座是学校进行德育的有益补充形式。因此，在德育的课堂教学之外，学校可以从受教育者关注的热点、难点、焦点等问题出发，配合德育的开展，有选择地诚邀有关领域的专家、学者、名人、典型、模范、榜样等走进校园，设坛开讲，实现优秀传统文化传承与德育的"双赢"。此外，开展与传统文化相关的课外实践活动。实践是学校开展德育的第二课堂，也是中国传统文化融入德育的有效途径。

第四节　高校德育与中国传统文化隐性教育融合的对策

一、发展传统文化隐性教育的主体

教师是传统文化隐性教育的主体，教师的自身素养与德育的自觉意识对传统文化隐性教育的开展，有着重大的意义。教师只有充分认识到教师育人的所负责任，并加强自身修养，才能在高校德育中发挥应有的作用。当前，显性德育长期以来居主导地位，而隐性德育只是无意识下的偶然行为，没有受到足够的重视。有些教师甚至根本不知道这一教育方式。在新时期，要充分发挥传统文化隐性德育的作用，一方面，必须培养教育者全员育人的理念，提高教育者开展隐性德育的意识；另一方面，要加强教育者自身品德的培养及传统文化的修习，从而为传统文化的隐性教育提供有力的保障。

（一）树立教师全员育人理念，提高教师隐性育人的自觉性

新时期，全员育人理念的形成，首先就在于要使高校所有教职员工——包括专职教师、行政管理者、后勤服务者都意识到，高校的德育工作不仅是辅导员或者专职教师的责任，也是他们的责任，他们都是德育的主体，也都承担着大学生"成人"的职责。可以说，高校德育主体因素的有效利用是隐性德育功能充分发挥的主要前提。

只有树立全员育人观，才能为传统文化隐性教育的实施创造充分的条件，才能更好地调动全体教职员工的积极性，有效地实施传统文化的隐性教育。

如果说，教师全员育人理念的形成，是传统文化隐性德育实施的基础和前提，那么，教师隐性德育理念的形成、隐性育人自觉性的提高，则是传统文化隐性教育有效实施的有力保障。高校教师在树立了全员育人理念的同时，还应当树立全面的德育观念。可以发现，在新时期的高校德育中，显性教育方式与隐性教育方式的有机统一，已成为不争的事实。高校教师在注重显性教育的同时，更需要提倡和发展隐性教育，提高隐性育人的自觉性。

学生在校园当中所受到的影响来自方方面面，它不仅有源自系统的德育课程教学，还有来自校园精神、校园环境等各种非正式因素的潜在影响。直白的道德说教、硬性的教学管理对于充满活力、富有思想和主见的新时期大学生，很难达到预期的德育效果。而必须充分利用校园中丰富而又生动的教育资源，精心营造浓厚的德育环境，使大学生通过自身的体验和感受来获得道德的洗礼。总之，教育者只有树立全面的德育观，充分认识到隐性教育在高校德育中的重要作用，才能有效地实施传统文化的隐性德育。

（二）加强教师传统文化修养，注重教师身正为范的榜样性

"学高为师，身正为范"，这是对教师职业的最好阐释，也是对教师修养的基本要求。教师要重视自身的素养，以身立范，因为教师的一言一行都会有形或无形地对学生产生影响，学生也总是会自觉或不自觉地从中受到熏染。

首先，教育者要树立言传身教的观念。高校德育工作者的表率作用，是隐性德育的一种重要因素。强调教育者的示范作用，使教育者成为大学生们学习的对象和仿效的榜样，

是提高德育实效的重要因素。高校德育工作者必须在实践中做到言行一致、表里如一，以身作则、身体力行社会的道德规范和要求，使自己成为学生的表率，真正无愧于"人类灵魂工程师"的光荣称号。

其次，教育者要加强文化修养。高校德育实效的提高有赖于教师、管理者和服务人员的共同努力，而其中又以教师的学术功底和人格力量对大学生的影响最为深刻。一个好的教师，不仅要靠自己的学术影响力，更重要的是，靠自己人格上的感召力去影响、引导学生，而教师对传统文化的修习无论是广博知识上还是人格力量塑造上，都有着得天独厚的优势。

二、开发传统文化隐性教育的载体

高校德育载体是指，在高校德育过程中，联系德育主客体并承载、传递德育的内容和信息的形式与手段。传统文化隐性教育的载体，也就是在德育中承载、传递传统文化内容和信息的形式与手段。其形式与手段存在正面、直接和隐藏、间接的区别，具有间接性、潜隐性和庞杂性等特点。

（一）开发高校隐性教育资源，丰富传统文化彰显形式的多样性

德育目标的实现有赖德育载体的彰显，而德育载体的开发与运用，对高校德育目标的实现将起到事半功倍的效果。在我国多年来的德育建设中，相关学者对于德育载体做了深入的探究，取得了不少的成果。

第一，寓传统文化于校园文化之中，发挥校园文化的育人功能。在新形势下，校园文化因其无形的影响方式，成了高校学生所易于接受的德育载体，而它与传统文化的易融合性，也使它成了传统文化隐性教育的重要载体。

首先，培养良好的校风，形成积极的文化氛围。所谓校风是指，在一定的条件下，学校全体成员在学习、工作和生活等方面，经过长期的培养、沉淀而逐步形成的态度和习惯。它包括师生的精神面貌、价值态度、思想道德、文化修养等各种因素。校风一旦形成，便具有相对的稳定性和影响的持续性。校风的内涵丰富多彩，它主要包括学校领导的作风、教师的教风和学生的学风等。

传统文化的精神内容在校风的建设上能提供丰富的素养。无论是道德规范、协作精神、管理思想，还是治世治学的经典理念都无所不包，无所不容。在新形势下，博大精深的传统文化对校园文化的建设有着重要的作用，而校园文化也是彰显优秀中国传统文化思

想的重要方式。

其次，开展校园文化活动，践行传统文化思想。校园文化活动是传统文化隐性德育的重要载体，传统文化隐性德育的心理强化来源于校园文化活动中大学生的自身实践。前面有过相关论述，那就是道德的认知并不等于道德的行为。这一过程的实现有赖于道德情感和道德意志的强化，校园文化活动在这一强化过程中则起着重要作用。校园文化活动主要包括传统文化节日活动、科技实践活动、文体娱乐活动等。它有着"润物细无声"的德育效果，能有效地培养大学生的道德情操。在各种校园文化活动当中，大学生通过参与活动的过程来感受自我、认识自我，并对德育思想做出理解和升华。

最后，美化校园环境，建设文化底蕴校园。校园建筑乃至校园的一草一木，都可以成为传统文化隐性教育的载体。学校的总体布局体现出校园的主体精神。例如，校园中的花草树木、挂牌竖匾，可考虑使用富有哲理性的诗句警语。建筑物、道路的命名，可用既具有知识性，又具有教育性的古代大贤。校训、校史，还有校园"名人堂"、校园中名人塑像、楼道的名人画像及其名言等，都可以用能对学生产生感召作用和激励作用的优秀传统文化作品。人们如果在塑造自然环境过程中，别具匠心，使具有生命灵性的人文精神统统转化为一种信息储存于有形的载体中，和自然风景和谐统一，那么，这样的环境会对大学生思想政治与道德品质的形成产生重要的影响。

第二，寓传统文化于网络之中，发挥网络的德育功能。互联网以其强大的功能在今天成了最重要、最快捷、最强大的信息交互方式，备受大学生的青睐。网络的开放性，使信息的全球化进程加快，给新时期的高校德育工作，既带来了机遇，也带来了挑战。机遇方面，互联网发展的同时也为高校传统文化的隐性教育提供了绝好的平台。传统文化内容广阔，形式丰富，网络的出现与发展，让传统文化找到了丰富的传承与彰显方式。许多不易于彰显的内容，也可以在网络绽放光彩。

针对传统文化的隐性教育，教育者一方面可以充分利用互联网快速性、隐蔽性和互动性等特点，及时掌握学生的思想动态，并对此调整传统文化与网络的结合方式，丰富传统文化的各种表达形式，从而可以大大提高传统文化隐性教育的针对性和有效性。另一方面，可以利用网络形式丰富多彩的特点，寓传统文化于网络之中，让学生在网络的海洋中游弋之时，时刻能感到传统文化的气息，从而达到"润物细无声"的功效。

网络环境在传统文化的隐性教育中，表现出了重要的意义。对此，高校德育工作者应将网络环境建设作为高校德育建设的重要对象，充分发挥其隐性育人的强大功能。

首先，学校应加快校园网络的建设，优化传统文化与网页制作的融合。其次，要借助网络载体的优势，构建新型的传统文化德育阵地。这就要利用网络载体的优势，建立一批高校传统文化德育的专业网站，形成传统文化德育工作的网络体系。最后，要规范网络行为，净化网络环境。

第三，寓传统文化于管理之中，发挥管理的育人作用。校园管理作为传统文化隐性教育的载体之一，就是指把传统文化中育人的管理理念和管理思想寓于管理活动之中，在管理的过程中，注意德育方法与管理手段的结合，从而以贴近学生生活实际和思想实际的方式，来达到育人的作用。它是基于高校德育实施的规定性和新时期教育对象的特殊性而产生的。

新时期，要发挥管理的德育作用，高校首先要建立健全必要的规章制度，在对大学生进行必要管理的过程中，伴之以深入细致的德育。要注意把传统文化的管理文化和信息渗透到管理中，通过管理对学生的思想品德施加潜移默化的影响。

（二）探究高校隐性教育载体，增强传统文化与其融合的深入性

高校传统文化隐性教育载体隐蔽、庞杂而零散，要充分发挥传统文化的德育作用，加强传统文化与教育载体的融合，显得十分重要。好的思想只有得到充分的彰显时，才有可能取得良好的效果。高校传统文化的隐性教育途径是增强融合深入性的主要切入点和着力点。

第一，加强传统文化与专业课程的融合。要充分挖掘各学科教学中有关传统文化的德育因素，增强教学内容和传统文化的联系。在自然科学类课程方面，要注意挖掘中国古代的领先科技，以及先辈们为追求真理而奋斗的动人事迹。阐释科学家们身上体现出来的科学态度和科学精神，以及他们勤于思索、敢于探索的勇气。总之，课程教学是高校的日常活动，是大学生基本的学习方式，加强传统文化与专业课程的整合，有着重要的意义。

第二，加强传统文化与物质环境的融合。优秀传统文化在高校中的隐性教育，要注意与校园物质环境建设的融合，要让学生在校园里能处处感受到传统文化的氛围。目前，有些高校在学生宿舍及教室楼道上铭刻历代先贤的华美诗篇或谆谆教言，行走在这样的楼道，或坐在这样的教室，立刻就能闻到中国文化悠远、深刻的气息，感受到浓浓的文化氛围，让人油然而生一种肃然起敬的感觉。传统文化在各种人文景观上的彰显，也别具特色。

第三，加强传统文化与校园精神的融合。传统文化是培育和凝练校园文化、校园精神的重要资源。传统文化中所蕴含的价值理念、精神态度、行为取向，在现代大学文化和精

神中都有所彰显。高校要充分挖掘学校自身历史传统的宝贵资源，再结合学校发展战略和规划，根据学校办学思想和理念，努力凝练具有时代特征和学校特色的大学文化和精神，提升大学观念、志向和精神境界，不断增强学校的文化底蕴，并通过大学文化的传播和大学精神的沉淀，发挥大学文化和大学精神对学生巨大的感染力、渗透力和熏陶力，真正起到凝聚人心、激励斗志、鼓舞士气的作用。

第四，加强传统文化与网络空间的融合。校内网络环境作为传统文化思想内容的隐性载体资源，主要通过以下两个方面来加强传统文化与载体的融合。一方面，古典而蕴含人文教育的版面设计。网页就像人的眼睛是心灵的窗户一样，网站版面也是一个网站内蕴彰显的窗户。网站版面可以融合传统哲理名言、传统图画、圣人先哲的经典图像等等。这些富有传统文化思想的设计，不仅能彰显出深厚的文化底蕴，还能让学生在浏览时潜移默化地受到熏陶和感染。另一方面，通过开展形式多样、生动活泼的网络德育活动，吸引大学生广泛参与，寓教于乐。传统文化博大精深，有富有哲理的寓言，富有深意的诗谜、字谜、灯谜，富有传奇色彩的个人事迹，富有催人奋进的感人故事，等等，都可以用各种形式放到网络上。这样，把说教性的内容，变得具体、可亲、有情趣，对大学生产生潜移默化的影响，从而提高他们的道德文化品位，达到内容与形式的有机融合。

三、拓展传统文化隐性教育的内容

当今时代是一个变革的时代，当今社会是一个处于转型中的社会。时代变革，社会转型，必然使人们的道德生活环境发生变化，提出新的道德问题，这就需要高校德育贴近实际、贴近生活、贴近学生，与时俱进。传统文化的德育内容，只有不断充实和丰富，才能适应新时期、新情况下高校德育的要求。

（一）深化传统文化思想继承，提升德育内容的广阔性

第一，传统礼仪文化的继承。礼可以说是中国文化的突出精神。好礼、有礼，注重礼仪是中国人立身处世的重要准则。中国文化认为，礼是人与动物相区别的标志。礼不仅约束、引导和规范着人们的行为，而且是构成社会文明、社会和谐的重要内容。

讲礼是一种文明意识和文明习惯，它源自个人的长期修养。新时期，礼仪文化对高校德育有着重要的作用，无论是素质教育建设，还是和谐社会建设，都对礼仪文化有着重要的要求。礼仪是文明礼貌的表现，它直接关系到新时期社会的整体形象和精神面貌，社会成员普遍地接受了礼而且能循礼而动，可以说是和谐社会建设的时代要求。

第二，优秀人格风范的继承。中国是一个注重人格修养、人格自律和人格影响的国家。古往今来，不知道有多少活生生的人物用自己的行动甚至生命彰显了其高尚的人格，并激励着一代代后人实践与升华。这种代代相传的榜样力量的凝聚，铸就了中华民族的伟大精神，为高校的德育提供了无数高大的人格形象。人格风范在民族精神的传承中，具有巨大的榜样辐射作用。中国历史上出现过的具有高尚人格风范的名人及其事迹，历来都是后人学习的楷模。随着我国文明的发展，在许多领域都涌现出了流芳百世而载入史册的、体现民族精神的楷模。正是这些坚实有力的民族"脊梁"，挺起了我们民族之魂。这是一种伟大的精神力量，它哺育和促使着一代又一代的仁人志士，为了中国的生存、进步和发展，为了推动历史车轮的前进而奋斗不息，前赴后继。

榜样力量与群众实践的结合，是塑造健康人格和社会风尚的有效途径。人格虽然是一种个人的行为方式，但是，这种行为方式有着群体性辐射作用，即对社会、他人和家庭都有着重大而直接的影响。

人格主要表现为以身作则、模范实践共同的目标和道德标准。它具有巨大的感召力、榜样力和说服力，能够令人心悦诚服地以其为榜样去实践、去创新。人格风范的继承与发扬，对于新时期的我国高校德育有着巨大的作用。

（二）强化传统文化内容创新，提高教育内容的时代性

传承与创新是中国传统文化发展的重要特征和规律。中华民族的文明史，就是不断适应社会发展需要，推陈出新的历史。传统文化是历史的沉淀，是人们在长期的历史进程中所形成的产物。

传统文化的内容创新，一方面，表现为对历史所忽视的内容的重新探索。在历史的长河中，我们形成了丰富多彩的文化，但是，由于传统文化传承的选择性，以及统治的服务性，使得许多优秀的文化被遗弃。在新时期，对遗弃文化的整理与探索，在一定程度上可以说，也是对传统文化的创新。另一方面，主要表现为传统文化内涵的扩展，与时俱进而富于时代新意。在传统文化中，思想内涵能扩展而富有时代性的，可以说数不胜数。

随着历史的发展，优良的传统文化只有以其与时俱进的适应性，才能满足时代的需要，才能继续发挥育人的作用，才能继续激发人民群众的民族自尊心、自豪感和对祖国的爱国主义热情。事实证明，传统文化一直也将继续对社会的发展起着积极的推动作用，因为传统文化思想内涵的发展，不仅有着随时代进步的要求，还有着自身发展的内在活力因素。本节主要探讨传统文化发展革新的内在活力因素。

第一，变易革新。中国传统文化存在着丰富的变易思想。《易经》就是一部专门讲"变易"的哲学著作，它通过八卦推演，阐明了万物都是在矛盾运动中变化发展的道理，对后世产生了巨大的影响。

近代中国人在寻求救国之道，实施改革和变法时，变易思想也因此常常作为其变法和改革的根据。变易思想是中国传统文化中的重要思想，它不仅为其他事物的变革提供了依据，也为传统文化自身的发展提供了内在的支撑。传统文化的历久弥新与其变易创新的思想，有着分不开的联系。

第二，经世思想。经世思想是传统文化的基本精神。其提倡的积极用世精神被后世继承发展为"修身、齐家、治国、平天下"。"修身"的目的是为了"治国、平天下"。经世思想在不同时期，其表现也有强弱的不同。新时期，社会主义的建设、发展都需要人才，经世的内容与历史虽有很大的区别，但其精神内质是相同的，那就是"积极用世"。但也要防止当下高校普遍流行的"学习实用主义"——即以是否有用，能否给找工作带来优势，能否产生经济效益等为准则的一种学习态度。大学生在市场经济发展的今天，在注重个人发展、个人前途的同时，也不能忘记个人的社会责任，人的社会价值。

第三，民本思想。中国传统文化中蕴含着丰富的民本思想。人为万物之灵，天地之间人为贵，这是中国传统文化的基调。中国传统文化是一个融会了多民族文化而形成的综合体，具有广阔的涵摄性和包容性。中国传统文化的这个特点，在历史发展的不同阶段，都起了十分重要的作用。近代从西方传入的各种先进思想理念，如科技思想、民主理念，在博大精深的中国文化中，都可以找到融合点，从而被吸收到不断发展更新的中国文化体系中去，这是西方文化能够在中国传播、生根发展的重要原因。这也是中国传统文化能创新发展的重要原因。

中国传统文化中的活力因素不止以上所列举的三点。此外，像自强不息的进取精神、深沉的忧患意识等，也都非常具有意义，他们为近代文化的变革创新起了巨大的推动作用。由于在中国传统文化中，存在着这些积极的活力因素，它们也因此在中国文化变革中起着联结旧文化的作用，中国近代旧文化的创新、新文化的形成，都是吸收了许多传统文化精华的结果，具有中国的民族特色。

参考文献

[1] 唐博. 大学生德育创新研究 [M]. 长春：吉林文史出版社，2021.

[2] 罗玲. 新时代高校德育工作创新研究 [M]. 北京：中国农业出版社，2021.

[3] 周翠. 高校美育德育的当代发展研究 [M]. 北京：中国纺织出版社，2021.

[4] 高健磊. 新时期高校管理与发展路径探索 [M]. 北京：中国政法大学出版社，2021.

[5] 冉威. 大学生心理健康教育 [M]. 北京：科学出版社，2021.

[6] 赵巧玲. 育人理论与实践探索 [M]. 北京：中国纺织出版社，2021.

[7] 彭宗祥. 新时代高校工程德育理论与实践 [M]. 上海：上海财经大学出版社，2020.

[8] 韩芳. 高校体育教育立德树人协同发展研究 [M]. 北京：中国商务出版社，2020.

[9] 董国良. 教育理论 [M]. 北京：首都师范大学出版社，2020.

[10] 蒋中华. 成人高校课程思政的实践研究 [M]. 成都：西南交通大学出版社，2020.

[11] 杨晓华. 大学生社会责任感培育路径研究 [M]. 上海：上海交通大学出版社，2020.

[12] 陈华栋. 课程思政 [M]. 上海：上海交通大学出版社，2020.

[13] 孙天蕾. 追求卓越 [M]. 济南：山东大学出版社，2020.

[14] 朱晓东，朱文，唐亭婷. 中国传统文化基础上高校德育研究 [M]. 石家庄：河北人民出版社，2019.

[15] 闫伟. 应用型高校德育教学模式新探 [M]. 北京：人民出版社，2019.

[16] 刘忠孝，陈桂芝，刘金莹. 高校德育论 [M]. 哈尔滨：黑龙江人民出版社，2019.

[17] 陈敦山. 德育与和谐西藏 [M]. 广州：中山大学出版社，2019.

[18] 朱美燕. 立德树人 高校生活德育实践 [M]. 上海：上海交通大学出版社，2019.

[19] 吴巧慧. 应用型大学德育的创新与实践 2018 [M]. 北京：北京交通大学出版社，2019.

[20] 吕开东. 新时代高校思想政治教育工作探索 [M]. 北京：光明日报出版社，2019.

[21] 陆世宏. 语言文化特色育人中的高校党建与德育工作 [M]. 北京：人民日报出版

社，2019.

[22] 年仁德，戴淑贞，杨麦姣. 高校中华优秀传统文化教育的设计与规划 ［M］. 北京：
知识产权出版社，2019.

[23] 顾永新，刘萍丽. 高校思想政治理论课实践教学案例研究 ［M］. 西安：西北工业大
学出版社，2019.

[24] 焦金波. 多元文化中"生活认知"道德教育研究 ［M］. 徐州：中国矿业大学出版
社，2019.

[25] 李献. 现代教育与大学生情商培养 ［M］. 长春：吉林人民出版社，2019.

[26] 王军莉. 寓教于乐 潜移默化 高校美育实施路径研究 ［M］. 北京：九州出版社，
2019.

[27] 孔亮. 高校德育引入传统文化的创新研究 ［M］. 北京/西安：世界图书出版公司，
2018.

[28] 刘丽波. 新时期高校德育创新发展研究 ［M］. 石家庄：河北人民出版社，2018.

[29] 陈娟. 传统文化与高校德育工作融合研究 ［M］. 北京/西安：世界图书出版公司，
2018.

[30] 桂捷. 高校德育与心理健康教育研究 ［M］. 沈阳：东北大学出版社，2018.

[31] 张艳芳. 传统文化与高校德育研究 ［M］. 石家庄：河北人民出版社，2018.

[32] 万庆. 信息化视域下高校德育研究 ［M］. 延吉：延边大学出版社，2018.

[33] 崔少博. 高校音乐教育研究 ［M］. 北京：中国商务出版社，2018.

[34] 高姗姗. 高校思想政治教育与文化融合研究 ［M］. 石家庄：河北人民出版社，2018.

[35] 受中秋，王双，黄荣宝. 高校体育教育发展与改革探究 ［M］. 长春：吉林大学出版
社，2018.

[36] 奚冬梅，胡飒. 高校思想政治教育教学与实践研究 ［M］. 北京：光明日报出版社，
2018.